王辉耀 主编

GIFT FOR MOTHER

献给母亲的礼物

对于每个人，母亲几乎是公认的第一任老
师。母亲对我们的教育，潜移默化地影响着我
们的一生。

成功人士谈母亲

人民出版社

责任编辑:刘 阳 黎 松
校   对:黄 舒
装帧设计:蓝天唯美

图书在版编目(CIP)数据

献给母亲的礼物——成功人士谈母亲/王辉耀主编.
-北京:人民出版社,2008.5(2012.8 重印)
ISBN 978-7-01-007046-9

Ⅰ.献… Ⅱ.王… Ⅲ.家庭教育-经验-中国 Ⅳ.G78

中国版本图书馆 CIP 数据核字(2008)第 071302 号

献给母亲的礼物
XIANGEI MUQIN DE LIWU
——成功人士谈母亲

王辉耀 主编

人民出版社 出版发行
(100706 北京东城区隆福寺街 99 号)

北京市文林印务有限公司印刷 新华书店经销

北京中文天地文化艺术有限公司排版
2008 年 5 月第 1 版 2012 年 8 月北京第 2 次印刷
开本:710 毫米×1000 毫米 1/16 印张:13
字数:120 千字 印数:10,001-13,000 册

ISBN 978-7-01-007046-9 定价:22.00 元

邮购地址 100706 北京东城区隆福寺街 99 号
人民东方图书销售中心 电话 (010)65250042 65289539

目 录
CONTENTS

WWW.GIFTFORMOTHER.CN

序
——献给我们的母亲

　　过去的多年，在我的工作和社会交往中，有机会结交了许多在各种行业功成名就，卓有建树的朋友。他们不仅事业成功，更谦和谨慎，为人颇佳。在与他们的交往中我常常会思考是什么成就了他们今天的成功。是天赐超群禀赋？是名校名师的教育熏陶？是命运机遇的恰逢其时？我不敢妄加断定，但相信一个人在自己的生命中有这样或那样的成功，一定有诸多内外因素共同影响。而我坚信家庭教育在其中占有不可小觑的重要地位。我发现，在与这些朋友的交谈闲聊中，他们经常提及深受自己母亲的影响以及对母亲的一片赤子之情。

　　大家说："一个成功男人的身后一定站着一个女人"。其实，任何成功的人才背后何尝不站着一个成功的女人，他或她的母亲。鼓励、教诲、奉献、牺牲，成为这些朋友谈起母亲频率最高的词汇。他们的母亲不仅如普天之下所有的妈妈一样以分娩之苦将其带到人世，教会他们基本的牙牙学语，走路做事。更用巨大的自我牺牲，卓识的远见，留给他们精神财富，影响他们的秉性、为人处世之道。他们的母亲教子有方，他们的母亲无疑也是成功的。

基于此，我向十多位成功人士约稿请他们谈谈自己的母亲。在此，十分感谢他们提笔写下这些真情流露的文字。本书的作者们，来自当代中国不同行业的成功人士，也是拥有赤子之心的儿女，文字的背后更是他们平凡却又超凡的母亲。无论在企业、学界、艺术圈还是媒体，他们是精英，是英才，受到社会的关注。可无论做出怎样的成绩，他们在母亲面前却永远是儿子，永远是女儿，永远是母亲的孩子。含辛茹苦的生育，童年的教诲，学业的扶持，失意时的劝慰，得意时的告诫，浓得化不开的母爱点点滴滴让儿女们终生难忘。捧读这些关于母亲的文字，它们洗尽了世事铅华，抖落满身星辉，唯有真情流露，拳拳孝心，它们字字感彻肺腑，动人心扉。

曾经有朋友对我说，母爱是什么？母爱就是唯有星星给你摘不到，只有月亮给你拿不来。我听完心中一震，是的，这就是我们常挂在嘴边却少用心体会的母爱。

回想起自己的母亲，常常让我内心温暖无比又感怀神伤。赤身来到这个世界，是母亲给了我爱和整个世界，给了我无尽的关怀和无私的奉献。正当我长大成人，快有能力反哺报答时，她却撒手西去。这成了我此生最大的遗憾，最难以释怀的痛楚。母亲活着的时候，做儿子的来不及回报，她去世多年，除了能谨遵其生前的谆谆教导，并去坟前祭奠，时常在心中怀念她，别无他法。今年，正值母亲去世整整20周年。我希望用自己的文字记录与母亲共同生活的点滴，也算是完成个人多年来的一大心愿。其实，我自认为算不得什么成功人士，更不敢自诩成功，可本书的其他作者的确是些人生事业的佼佼者，所以权且把我的文章跻身于中，说来惭愧。

在这个快速发展的市场社会中，我们的生命里仿佛有太多的浮华喧嚣，周遭繁花似锦却疑似过眼云烟，唯有父母的爱和家庭亲情的纯粹可以让每一个人在内心深处找到永恒澄澈的温暖。而在每一个温馨的家庭中，母性的熠熠光芒照耀于孩子，世界才变得盎然生机。

母性天然地更接近真理，而母性其实就是大地苍生，母亲是大海，母亲是河流，母亲是祖国，母亲是乡愁。正因为母爱来自生命的原初动力，于是母亲几乎等同于一切至真至善的原始情感，自然风物。

神圣、伟大、奉献、博大、无私……无一不是用以形容母爱之光辉，人类穷尽语言修辞的极致来表达这一人性的典范。可是，我们谁不明白，每个人心中的母亲是任何才华横溢的诗词大家都难以准确言传，任何余音绕梁的音乐都无法淋漓尽致歌咏的？

然而，母亲又是相似的。全世界不同种族不同语言的人们呼喊"妈妈"的发音，有着惊人的相似，万水千山却阻隔不了普天下共同的最美好、最本真的情感。没有隆重的形式、华丽的包装，母爱逶迤在生命的长卷中，如同涓涓细流浸满生活每个空隙，无色无味，却如影随形，伴随一生。

母爱，存于饭桌窗前的灯光；母爱，存于满怀爱意的眼神，谆谆教诲的片语；母爱，存于离别时辗转低回的牵挂，重逢时相顾无言的静默；母爱，存于每个人的心底。

母爱，感化一切。当心中的雨点来了，母亲顶起一片天空，抵挡所有风雨；当心无慰藉，她默默承受依然坚强地开导，她说"退一步海阔天空"。

　　母爱，真挚无私。当身陷艰险，母亲不顾一切，即使失去生命；当欢心愉悦，她分享成功的喜悦，但是却绝对不会多霸占一点。

　　母爱，不求回报。当分娩时，她痛苦不堪却多么激动、欣慰。她更永远记得我们的生日，而宽慰我们的忽略和遗忘。

　　母爱，永不停息。当远在天涯海角，她的牵挂一样飞越千山万水；当我们身处大洋彼岸，她的叮嘱一样跨越崇山峻岭。

　　因为平常而忽视，因为朴素而忘记。成功得势时，谁都是朋友，而失败时，恐怕唯有母亲能无限制的包容我们的一切。我们和母亲之间少有动人心魄的故事、荡气回肠的诗篇，我们和母亲之间从来不需要精心经营、费力维护，而母爱温柔地隐藏在角落，悄悄滋养着我们的身心。母亲的爱不似爱情那样浓烈，不比友谊那样清淡芬芳，却决不会真正流散死亡，反目成仇。因为那是血浓于水的骨肉情深，是不求回报的无怨无悔。

　　对于每个人，母亲几乎是公认的第一任老师。母亲对我们的教育，潜移默化地影响着我们的一生，是永远不可忘记的启蒙和关怀。基于血缘和孕育形成的特殊联系，母亲是孩子出生后的第一个知觉对象，第一个模仿原型，第一个情感的传递者。这些第一使母亲的言行对孩子有着无人能比拟的至关重要的影响。孩子的心田仿佛是奇怪的土地，播下思想的种子，会获得行为的收获；播下习惯的种子，会获得品德的收获；播下品德的种子，会获得命运的收获。每个母亲都希望自己的孩子健康成长，成才成功，但并非都能如愿以偿。其实，就像书中一位作者所言："谁言慈母心，唯在身上衣？"真正伟大成功的母亲对待子女，除了在生活上悉心的照料，情感上无私的爱恋，更

会在培育的过程中审慎理性，方法有度。

　　我们这个古老民族充满了对成功母教的敬佩，流传着对贤母的尊崇：孟母三迁造就了中国的亚圣，岳母刺字成全了精忠报国的赤子，程夫人知书达理调教出千古第一文豪兄弟苏轼和苏辙。后人感叹这些儿子们纵横的才华，更感动于这些伟大母亲的伟大教育。没有她们深沉理性的母教，何来中华文明的生生不息？

　　一年一度的母亲节又将来临。母亲节在有以孝为先传统的中国大地已经盛行多年，这个节日本身承载着每个儿女对母爱的感恩，对人间最美好真情的坚守。而在这个温馨的日子，让我们看看这些当代成功儿女对母亲的思念，感受他们背后鲜为人知的家庭教育，共同了解当代成功的母亲，解开那些成功成人背后的精神基因。

　　细细读来，在温情绽放的同时让读者们了解到了一个个伟大的母亲，她们如何在言行、品质、心理等方面给子女以正面影响，为他们日后的成功之路铺上一块坚实的基石。希望这本书也能对当代广大的正在培育孩子中的父母们带来一些新的启示。

　　愿把这本书献给我们的母亲，也献给天下所有的母亲。

王辉耀

2008 年母亲节前于北京

献给母亲的礼物

1958 年 1 月出生，呼和浩特人，中国社会科学院工商管理硕士，蒙牛乳业集团创始人，入选中华人民共和国民政部发布的"中国十大慈善家"榜单，并被评为"影响中国生活方式十大人物"之一。

1978 年参加工作，成为一名养牛工人。1983 年进入伊利集团，从一名洗瓶工干起，直至担任伊利集团生产经营副总裁。从 1987 年~1997 年，10 年间使伊利冰淇淋年销售收入由 15 万元增长到 7 亿元，成为"中国冰淇淋大王"。

1999 年带领团队创建蒙牛，在短短 9 年间蒙牛成长为中国乳业冠军、全球液态奶冠军，牛根生成为 CCTV "2003 年中国经济年度人物"奖项得主。

2005 年，捐出自己与家人所持的全部蒙牛股份，成立了面向社会公益事业的"老牛基金会"，被媒体誉为"全球华人捐股第一人"。"老牛基金"的用途为"三个面向"：面向教育事业，面向医疗事业，面向"三农"事业。企业家捐出全部股份的，牛根生是全球第一例。2007 年，所捐股份的市值已突破 40 亿元。《凤凰周刊》将比尔 · 盖茨、巴菲特、李嘉诚、牛根生并称为"全球四大捐赠巨头"。

牛根生一句话语录：小胜凭智，大胜靠德。

大爱若恨

——特别的母亲特别的爱

牛根生

我一共有四个母亲：生母、养母、继母和岳母。对我一生影响最大的是我的养母，我最想写的也是她，她的一言一行已经不知不觉地渗透到我的生活里，直到今天她在我心目中的形象依然光鲜。

我埋怨过她太严厉，后来却发现一味的纵容更容易让孩子堕落。

我埋怨过她让我干了太多的活儿，但发现自己比同龄人更独立。

我埋怨过她没有爱我，但现在觉得世上没有人比她更爱我。

这些都是我后来才发现的，因为她的爱太特别，我无法去形容。等到了理解她的那一天，昔人已乘黄鹤去，太多世态炎凉让我数次重新认识周遭世界和自己。

我相信每个人生下来后，绝大多数情况下母亲很大程度上决定了孩子的秉性。没有一个好的母亲，就不会有成功的孩子。我感激她抚养了我14年，那是人生最初，也是最重要的14年。一个人品质的基础架构和对是非的判断，乃至一切，也基本上在那个时期开始成型。

她曾无限风光的岁月

母亲念过私塾，有点儿文化。在我小时候，她经常会给我说些历史故事，司马光、孔融、岳飞……这些人的故事至今在我的脑海里还是活灵活现。她不仅说历史名人的故事，也说自己的故事。

母亲年轻的时候是个风光无限的女人。她的第一任丈夫是国民党的将级军官，深得阎锡山信任。

母亲虽然是姨太太，但前夫却对她宠爱无比，从山西到北京，去哪都会把她带上。那个年代，人们连火车都很少坐，她却坐过飞机。

在当地一提起她，没有人不知道。不管是在山西运城这个小小的县城里，还是在她的老家，母亲的名气都大得很，她像个明星一样被人关注。用"光芒四射"来形容年轻时的她丝毫不过分。母亲常常跟我讲起她年轻时候的故事，那些风光即便不在了，但从她一脸的神采还是可以遥想当年的美好光景。

在那个动荡的年代，每个人的命运都是被政治绷紧的弦，指不定哪天就会断掉。当国民党撤退到台湾时，母亲的风光日子也跟着结束了。阎锡山要带上她的前夫一起去台湾。当前夫跟她说一起去台湾时，母亲坚决不同意。虽然她不知道台湾在哪里，但她知道那是个很远的地方，去了可能就再也回不来了。而她的母亲、她的家、她的根都在这边。离开？那是万万不可能的。

母亲一扭头说："你去台湾吧，我留在这里。"

前夫见劝不动她，也横下心说："我也不走了，留下来，我们一起好好生活。"

两个人就都留下来了，但"好好生活"却永远成为一个向往的愿景。她的前夫因为留下来，被作为"战犯"抓起来了，判了20年。被关进去的时候，母亲呆坐在家里哭了很多天，觉得是自己连累了他，要是她肯去台湾，那么前夫也不会留在这里，更不会被关进监狱。

过了很久，在别人的介绍下，母亲认识了父亲。两个人的结合属于偶然，但要是没有这种巧合，我也不会被他们收养。能不能成为今天的自己，我也不好说。因为我总结了自己的前半生，我甚至可以把我所取得的一切成绩，都归源到母亲的身上。要是没有当初她独特的爱和近乎残酷的教育方式，也不会有今天的我和今天的蒙牛。

她总和别人的母亲不一样

我叫她"妈妈"，但事实上，我们没有任何血缘关系。我出生在呼和浩特远郊县一个贫穷的农民家庭。生父当点小官，任生产队的小队长。那时候用现金代公粮，生父作为小队长得带头交，可是又没钱。怎么办呢？想来想去，就把办法落在卖孩子上。我是五个孩子当中最小的一个，出生还不到一个月。他狠狠心，就把我卖了，价钱是50元人民币。那时候的50元不得了，一元钱相当于一块现大洋。城市每人每月有5块钱生活费就够了，农村则只需3元。

就这样，毫无血缘关系的我们成了至亲。

母亲不能生育，她一直都想有个孩子。我被抱回家后，父母都欣喜若狂。按理说，照这种情况下，我应该备受溺爱。可自打我记事起，就没有尝过被宠的滋味。相反，母亲对我严厉得近乎苛刻。

那时总体生活水平都不高，天天吃馒头还是件奢侈的事情。一般家庭都是粗粮细粮混着吃。我去别人家玩，看见别人家的父母都是自己吃粗粮，把细粮留给孩子吃。而我们家却不是这样。每天三餐，两顿窝头，一顿馒头。父母吃什么，我就吃什么。

我很不解，委屈地说："我刚去隔壁玩，他妈妈只吃窝头，不吃馒头呢。"

母亲瞪了我一眼："馒头要吃，窝头也要吃，家里一人一份的，

该你吃的，不少你一勺，也不多你一碗。"

再跟她说下去，她也不会多给我馒头吃，我只好低着头喝汤。唉，我心里暗自叹气：怎么摊上了这么个妈妈，一点都不宠孩子。

她跟别人的母亲不一样的地方还多得很，在别人看来理所当然的事，到了她眼里却是丝毫不能通融。她要是规定了我出去玩半个小时，我也同意了，那就必须在半个小时之内回家。她比秒表还能掐时间。即使晚回去了一两分钟，那也要挨打。

她打我前，还会问：该不该受罚？我说：该！马上就劈头盖脸一顿打。挨打时，我心里恨透了这个女人：一点温情都没有，这么小的事情也这么苛刻计较！她打我，我就大声叫，邻居们都会好奇地过来瞧。后来，她就不打我了，改饿我。我正当长身体的年龄，每天饭量大得惊人，挨饿比挨打还要难受，饿得我头发晕，当时，只恨自己没有力气去杀了她。

惩罚归惩罚，等罚完了，该对我好的地方，她也不比别人家的差。其实我穿的吃的一点也不比别人家的孩子差。但这丝毫不能减轻我那时对她的"意见"，总认为她无情冷漠。

她这种冷酷的爱，是到了很多年以后我才领悟。等明白的时候，我就不止一遍地感慨：这到底是怎样一种爱，非得等到我有了白发以后才能明白，而她又是一个多么伟大的女人，让我把年少的仇恨化成了尊敬甚至是崇拜。

也许这就是她独特的表达方式——大爱若恨。古语所谓"慈母多败儿"，她不是不爱，而是期望我成为一个有原则、有担当、有责任心的人，所以不愿意溺爱。

她听从了孩子的建议

母亲是个极有原则的人。不对的地方，她会惩罚我；做得对的时候，奖励也丝毫不落下，譬如上学时考了高分，拿了奖状，她就会特别高兴；甚至我年少时说的一些话，她都会认真地听取。而且不仅仅是对我，别人的建议只要是对的，她也都会虚心接受。

当年母亲离开山西时，家里还有一堆金银软细和古董字画。她怕这些东西招灾惹祸，而且也不方便带走，就寄存在了当地几个比较放心的朋友家。等家里生活稳定下来了，她就开始挂念着那些财物，于是挑了个日子带上我一起去山西准备要回来。

来到山西，因为想起了前夫，母亲仿佛年轻了十几岁，还没到她的老友家，她就已经满脸笑容了："我们现在要去的这家是你舅舅的一个远方表亲，当年我前夫帮过他，他一直感恩戴德的，人品也比较放心，所以我就把东西放在他那了。"

母亲这么说着，我都能想像得出，这么多年没见面了，他要是看见母亲来了，肯定会兴奋得不得了，我们自然也都是座上宾了。我甚至开始琢磨他们会拿什么好吃的给我。

等我们到了那个舅舅的远方表亲家时，已经到了晌午。母亲推门进去，一眼就看见了他。他也认出了母亲，客气地拉着母亲上座，还往我的兜里塞糖果，不停地聊近况拉家常。

但是当母亲一提起过去寄存的东西，男主人的脸色蓦地变了："什么东西，你什么时候往我们家存过东西。"

母亲急了："我走前，把一些珠宝放在了你们家，你好好想想。"

"你自己好好想想吧，我都没看过你的什么珠宝，别诬赖我们家。"女主人也过来插话帮腔。

母亲气得发抖："你们那时口口声声说替我好好保管，以后原封不动地还我，怎么现在又不承认了？"

那男主人走上来就一把拉住母亲的胳膊说："走，咱们到公安局讲理去。我就不信政府能替你这国民党的小老婆做主。"

夫妻两人上来连推带搡要拉母亲去公安局。母亲一直都是个光明磊落而又要面子的人，但她的"姨太太"身份在新中国成立后屡屡成为被别人攻击的靶子，见政府是万万不能的。母亲气得拉着我就走。

存在这一家的东西是要不回来了，我们又连跑了三家，却没有一

家愿意把东西还给母亲。我们不是被赶出来，就是被告知东西不小心弄丢了，还有家干脆说东西上交给政府了。

母亲气得抹眼泪，直骂"狼心狗肺。"

我也很难过，对母亲说："妈妈，这些钱，寄放在别人家的金银软细咱们就别要了。"

她一听这话就激动了："不要？怎么能不要呢！那些东西都是我前夫留下来的，他辛辛苦苦地奋斗了这么多年才挣来这些家产，为了这些都进监狱了，我怎么能说不要就不要呢？"

我说："你去要的时候，人家怎么对你，你都看见了。反正都是一个结果，要不回来。如果咱们进去不是问他们要东西，只是跟他们谈些以前的事情，叙叙感情。万一谈到了那些金银财宝，就说那些东西本来就是要送给你们的。这样的话，我们肯定不会被人家赶出来，肯定还跟以前一样对我们客客气气的。"

母亲瞪大了眼睛看着我，那眼神仿佛刚刚认识我，她肯定很奇怪为什么我这么小，就能说出这番道理。

良久，母亲轻轻叹了一口气："是，根根，你说的对，本来我们都是很好的关系，现在却因为钱翻了脸。如果这次我大老远跑来，不跟他们要钱，肯定还被当成贵宾看待。"

那次山西之行虽然没有要回一样东西，但我却认识到了不一样的母亲。以前单纯地以为我在她眼里只是个孩子，但经过那次事情之后，我才知道，孩子说的话也可以同大人说的话一样有分量。当然，前提是要有一个有原则和好心态的母亲，才能只要孩子说得对，她就听孩子的。尽管，那时我才五六岁。

我把两角钱送回去了

很多人说起女人，都喜欢说女人爱占小便宜。我就坚决反对这句话，占小便宜是很多人共有的缺点，单放在女人身上有失偏颇，而且很多女人并不是这样的，比如说我的母亲。

有一次，我跟她去逛街，买完东西后，我们拎着一堆东西往回走。走了大约一里地，我手酸，停下来歇了一会，母亲就把东西放下来，坐在路边的石头上休息。天气很热，母亲拿出钱来让我去买冰棍。忽然，"啊"了一声，她摊开钱说："刚刚那个店的售货员多找了我两角钱。"

我也"啊"了一声："真的啊！那可以多给我买支冰棍了。"

我伸过手去拿，母亲"啪"的一声打了我的手："冰棍不少你的，你先把钱给人家送回去。"

我只听过少找了钱跑回去问售货员要的，还没听过多找了钱主动还回去。我努嘴说："才两毛钱而已，我们都走这么远了，我懒得回去了。"

母亲也不逼我："根根，你看，刚刚你去店里，那售货员阿姨对你多热情，还给你麻糖吃。可是，她多找了钱，我们要是不退回去，她就得赔钱。"

我抢过母亲手里的钱，一溜烟地跑回去了。

当我把钱递到那个售货员手里时，她惊讶的程度不亚于欢喜。她不停地说谢谢。她肯定很惊讶母亲会让我把错找的两角钱送回来。

母亲就是这样的一个人，"吃亏是福，贪便宜是祸"是她常跟我说的。摸爬滚打了这么多年，我现在对这句话有了很深的体会。无论什么时候，只要实实在在、堂堂正正地做人，总会赢得别人的敬重。

我所不知道的"地主"

母亲生前曾有一句话让我至今印象深刻："要想知道，打个颠倒。"

上小学时，课本里常会出现地主和农民的故事。老师讲课时，每次都会分析起地主和农民的形象，无一例外地把地主描述成了一个十恶不赦的大坏人，欺压农民，剥夺农民辛辛苦苦种来的粮食。听到那些故事，我心里恨透了地主，旧社会的农民原来过着这样悲惨的生

活。回到家，母亲给我温习功课时，我就把对地主的抱怨一股脑儿地跟母亲吐了出来。母亲摇摇头道："根根，你说了这么多地主的事，你认识地主吗？"

"当然不认识。"

"不认识你怎么知道地主全部都是这样的？"母亲反问我。

"书里就是这么写的，老师也是这么说的！"我理直气壮。

她说："跟你先说个故事吧。我们村里有弟兄三个，老大是贫农，老二是地主，老三是雇农。"

我有点惊讶，地主的兄弟怎么会是贫农和雇农呢！

她解释道："你知道这个地主是怎么产生的吗？那三兄弟的父母临终前什么也没留下，只留下了三亩田地，一人一亩。三兄弟虽然是一家人，但每个人性格都不一样。老大爱喝酒，后来就把地卖了买酒喝。老三喜欢赌博，钱输得快，地卖得更快。只有老二勤快，不打牌不喝酒不吸烟，勤勤恳恳地经营自己那一亩地，闲时还出去给别人干活。攒了些钱后又买了一亩，后来钱越多，他买的地就越多，到农活忙的时候，一个人又干不了，就请人帮忙，于是开始雇短工了。冬天没活时，那些短工就离开了，可到了春天，再找从前那些短工，他们已经去别人家帮忙了。于是老二开始雇长工了，把人长期留下来。到了土改时，把每个人的土地算一下，老大把地卖光成了贫农，老三连住的地方都没有成了雇农。老二就是地主。这个地主就是这么来的，并不是书上讲的那样在家不干活，光指使别人干。他的财富在当时是合法获得的，是通过自己的努力和奋斗得来的。"

我还是第一次发现地主原来也有如此"正面"的形象，于是，我

又追问："那资本家呢？学校都说资本家比地主还恶毒。"

母亲不紧不慢地说："最早资本家也一样。一些小学徒脑子好使，加上勤奋好学，先是自己进城学点手艺，然后慢慢地自己开了个作坊，作坊越开越大，就创办了自己的工厂，那么他就是资本家了。其实每个人都一样，只要自己奋斗过努力过，就可以像'地主'或'资本家'那样有钱，而且一个人好坏的关键不在于有钱没钱，而在于他的行为和品德。"

"地主"或"资本家"从阶级的角度来看是个整体，但从每个"地主"、每个"资本家"的个体角度来看，则他们的经历不都是一个样子，也有这样通过自己努力、勤劳致富的"地主"和"资本家"。

她教导我："每件事情你都要从不同的角度去想，所谓'要想知道，打个颠倒'，只有这样，你所看到的才会更客观、更全面。"

她让我了解到了更加真实的世界。最重要的是我慢慢地改变了自己的思维方式。凡一件事情，我不会只有一种想法，而是会有两三种想法。光有一种想法，可能真可能假，只有"打个颠倒"才会真正知道。每件事情的发生我至少会想到三种结果，从各种角度来思考问题。

这些都让我受益终生！

我做起了针线活

我是母亲唯一的孩子，但并非父亲唯一的孩子。在我被抱来前，父亲已经有了一个女儿，是跟他前妻生的，比我大12岁。后来听别人说，在我被抱养前，姐姐口口声声说，要是我进门就把我掐死。可

当我进了家门，姐姐却欢喜得不得了，天天抱着我去这转去那逛。但这个姐姐也没带我几年，就进了毛针织厂上班。

那时的毛衣不像现在这样的织法，往往一件毛衣都分七八片组成，袖子、胸口、后背、领子都是一片一片分开来的，厂里常找些小工把这些片都缝到一起，一件衣服差不多就成型了。母亲因为有姐姐在厂里上班，就得到了这样的工作机会。

刚开始，母亲去厂里取毛衣总会带上我，后来因为身体的原因，她就让我自己去厂里取。我取回来，她就坐在床上缝。每次取毛衣时，厂里的人都会打趣我，因为那时我还没有放毛衣的柜台高。

有时候，我有点情绪，母亲为了让我积极性高点，就哄我说："你看，你取多少毛衣我就缝多少，缝完了，厂里还要给我们钱。有了这钱，也可以给你交点学费，买点零食啊！"

母亲这么一说，我每天去厂里就积极多了，经常是一路小跑地来回。

后来，母亲的身体越来越差，连抬手的力气都没有，可家里还堆着一堆没完工的毛衣。交毛衣是有时限的，母亲就痛苦地对我说："根根，还有一些毛衣，我实在没力气做了，要不你缝吧。"

我是一千一万个不情愿。一直都以为拿针线是女人的事，我一个

男子汉怎么能干这种事呢！母亲开口了："我给你买件好看的新衣服，你要吗？"

那时候开始爱美了，开始注意自己的穿着。于是我不假思索地说："当然要了。"

"那好，你把这堆衣服缝完了，我就给你买身新的。"母亲指着毛衣说。

母亲一向说话算话。我二话不说，拿起了针。

刚开始我只会缝袖口，在母亲指导下，后来领口也会缝了，最后不用母亲指导，我自己就能整一件完整的毛衣出来。

虽然我的新衣服也有了，但我仍然不愿意拿针线，因为其他男同学每次来找我玩时，我都在缝毛衣，他们经常嘲笑我在家像个女人。

每天回家，母亲总是先检查完作业，紧接着让我拿针线。我连玩的时间都没了，整天都跟毛衣混在一起。于是，我开始学会偷懒，把毛衣大而化之地拼到一起。每次她都一个扣子一个针脚地检查我的针线活，发现不过关，会让我重做，决不让我糊弄糊弄就交差。

我没想过她会那么一丝不苟，有时不耐烦就顶嘴说："你要嫌我做得不好，你就自己做吧。"

母亲也不生气，只是说："这是给你的任务，做一件事就要认认真真地做完，偷工减料就要重做一遍。你要是好好地缝，那你现在都不用重做了，也有时间出去玩了。"

现在想起来，我管理企业的风格也受了她的影响。我管理企业，纪律很严明，即便员工跟自己沾亲带故，我也会一样看待。我只有一个宗旨：认真做好每件事。员工常说我是"军阀"，其实这正是受母亲的影响，她教会了我要一丝不苟地做事，稍有马虎只能耗费自己更多的心血与精力。

生死相依的爱

母亲是在我 14 岁时去世的，14 岁的年龄，并不理解她的离去意味着什么，只晓得终于没人管我了，我可以自由自在地玩了。当时，我曾高兴得三天三夜没睡觉。这也能看得出她管教我的程度何等的严厉，但现在想起这一切，我只是恨自己当时怎么那么不懂事。没有温情，冷血，那时的她在我眼里就是这样一个女人。

我五六岁的光景，父母经常会闹一些矛盾。父亲的脾气很暴躁，每次吵架都会动手。眼睛里看见什么，就会抄什么打人。母亲打不过他，就气得大哭，然后拉着我往井边跑。接着抱着我在井边痛哭，抱得紧紧的，仿佛怕把我弄丢了一样。那时，我只会呆呆地看着她，只知道她很伤心，却不知道她到底要干嘛，甚至感觉有点害怕，总觉得有什么事情要发生，因为她很少那样抱过我。

后来，母亲常常跟我说起那时的事，我才知道她跟父亲吵完架后是气得想要跳井。但她想到了我，她不放心把我一个人留在世界上，更不放心把我留给父亲。所以，就带着我一起去井边，想带着我一起跳井。

她每次跟我讲起这些事，我都感到很害怕。在这个世界上，我对她而言是最重要的人，即便是死，她都要带上我，仿佛她的一生都离不开我，可是她的爱却从来不会流露出来。那种感情太复杂了，如果

从左至右：养母，姐姐，养父，牛根生（童年）

说我什么时候才体会过她的爱，那么就是在那个时候。

但这种爱来得太爆发强烈，真有种生死相依的体验。我也有过很多后怕，原来我曾有那么多次就差点走向了死神。一直到现在，我都感觉到，也许现在、也许明天就会是自己或企业的死期，仿佛自己或企业随时会死去。所以我不敢疏忽了对企业的治理，常常告诉自己，珍惜今天的一切。

"文革"时，母亲被拉去批斗。她当时已经病得很严重，我就扶着她一起在大街上走。当围观的人朝我们身上丢石子丢鸡蛋时，我只能慌乱地用手挡。当时一个劲地想：为什么他们要这么对待我的母亲？我的母亲根本不是他们说的那样啊！

但那个年代没有是非黑白，每个人都极度狂热地投身到"革命"洪流中。只有经历过那个时代，你才能真正体会到那个历史时期的骚乱与悲哀。

在那个动荡的年代，父亲被当成"反动派"关了起来，而我则跟着母亲没完没了地挨斗。再艰苦的岁月，我和母亲一起熬过来了。我们一起吃过苦，却再也没有分享过幸福。

母亲走了之后，父亲又娶了一个继母。继母一过门，我就体会到了什么是"后娘的心，蝎子的针。"继母对我苛刻，却对自己的孩子娇宠备至。我不明白为什么我和她的亲生子之间待遇有如此大的不同，我更不明白继母管教孩子的方式。明明她的孩子做错了事，她还是一味偏袒溺爱。我想起了自己的母亲，原来她是对的。每个孩子生下来都像一张白纸，他们辨认不出好坏对错。而母亲作为孩子最初的启蒙人，如果一味溺爱、偏袒，那些白纸上就会涂满污点。

我开始怀念母亲，她所给予的爱不但伟大而且正确，她没有宠坏过我，她让我懂得了很多人世间的情理。我现在还会用她当年要求我的话去要求自己的孩子："要做个有用的人，起码要让你身边的人因为你的存在而受益。"

我现在想拍着胸脯对她说的是："我没有辜负你，我做到了你期望的一切。"

我还要告诉她：我要谢谢你。

大爱若恨，正是母亲的爱独特的表达方式。我庆幸自己被她抚养，一路走来，我越发意识到，她所给予我的，让我一生受益无穷。

　　欧美同学会/中国留学人员联谊会副会长、欧美同学会商会创始会长和2005委员会创始理事长，商务部中国国际经济合作学会副会长，全国青联留学人员联谊会副会长，中国侨联华商会副会长，中华海外联谊会理事，北京市政协顾问。先后兼任北京大学光华管理学院和加拿大西安大略大学商学院等多家商学院客座教授，是美欧亚国际商务咨询公司的董事长。

　　曾担任过中国政府经贸部国际经济合作官员，出任过加拿大驻香港领事团首席商务经济参赞，担任过全球最大工程咨询公司 SNC–Lavalin 国际公司董事经理和世界第三大项目管理公司 AMEC–Agra 国际公司副总裁，并还做过 GE、西门子、ABB、三菱、阿尔斯通等多家跨国公司的高级顾问。

　　77 级本科英美文学专业毕业，曾在北美和欧洲留学，获 MBA 学位，并继续在加拿大西安大略大学商学院攻读博士研究生，后又在英国曼彻斯特大学商学院和美国哈佛大学商学院访问进修。发表有关著作 14 部和 30 多篇专业文章。

　　曾经作为首位中国人士被加拿大《商业周刊》选登为封面人物；被国家发改委《中国投资》评为中国首届"中华海归十大创业人物"，被《时尚》杂志评为"中国首届时尚先生"，被《中关村》杂志评为国内"最受尊重的十大海归"。

母爱无声，母爱有形

——献给我的母亲

王辉耀

生活之河一路流淌下来，经过群山峻岭，绕过急流险滩，最终将汇入大江大洋，但我永远也无法忘记那生命之河的源头，那来自父母生命的给予，成长中的启蒙、关怀，尤其是母亲对我的一片深笃之爱。

前不久的一天，我正在查阅资料，无意间抬头发现那本伴随我多年的英语辞典从书架上消失了踪影，我的心慌乱无比，立刻放下手中很要紧的事情，四处寻找。我像是丢了魂魄，翻遍全屋。终于当它失而复得时，人到中年的我发现自己眼眶竟有些潮湿。

这本英语辞典是我的母亲在三十多年前一个阳光明媚的周末送给我的。多年来，我一直视其为至宝。辞典不见了可以失而复得，而母亲却乘鹤仙逝，一去不复返。

时光如水，年华易逝，似水流年淡去了太多的记忆，却始终不改我对母亲绵绵的回忆、揪心的思念。

我的母亲欧阳凰，出生在湖南的书香门第，家中七个兄妹都在建国前后接受过很好的教育。母亲的先祖欧阳厚均是清代著名的经学家，被称为"近代湖湘文化的开启者"，执掌岳麓书院 27 年，亲授弟子中不乏赫赫名气的曾国藩、左宗棠。母亲的一个哥哥毕业于清华大学，当年和朱镕基在清华既是同班同学又是同乡，一个哥哥曾在哈军工做教授，还有一个姐姐曾任中国科技大学的教授。在这个世代礼乐诗书传家的家庭中长大，母亲从小就知书达理，温良方正。

母亲年轻时很美，秀丽的脸上有着湘妹子特有的水灵。母亲是学工科出身的，一毕业就去了成都支援三线建设，成了一名铁路工程师。因为一米六九的高挑身材，母亲在单位是篮球队的一员，常驰骋在赛场上。小时候我常神往，年轻美丽的妈妈在赛场上该多动人呀。于是直到现在我都暗暗揣测父亲爱上母亲，一开始说不定就是看见她曼妙的身影活跃在赛场上而怦然心动的。父亲出生于浙江桐庐，早年也是在三线工作，从事铁路建设管理工作。我延续了父亲的江浙血统、母亲的湖湘文化，并生长在四川盆地。所以，一直庆幸自己与生俱来的与三个最能代表长江文明的水土结缘。

无悔的付出

春去秋来，大爱无声，大爱有形。

母亲离开已经整整 20 年了。20 年中，午夜梦回，母亲的容颜无数次的重现。"小耀……"分明是母亲的声音，转过头去却是苍茫黑夜。

对人事最早的、也是对母亲最早的记忆是约莫两三岁的时候。记忆的图景总会出现那鲜艳的西红柿。那时父母是铁路系统的双职工，所以只能把我交给幼儿园照顾。每天早上母亲早早起床，一边拍着我的背一边温柔地唤醒我："小耀，乖儿子起床了"。吃完早饭还会剥给我一个大大的西红柿。出门前她会抱抱我，然后用温暖的手牵着我走向幼儿园。于是，直到现在，我每天都会吃上一个西红柿，这是母亲从幼年给我留下的生活习惯。

母亲生养了我和弟弟两兄弟，她默默地为我们倾注着所有的爱，更为她的儿子们放弃了太多。外公早年是铁路部门负责人，母亲上大学也主动选择了铁路设计，应该说她是热爱自己的专业工作的。作为

从左至右：弟弟、母亲、王辉耀

是一名铁路工程师，铁路修到哪里，她最能发挥专业优势和才华的工作地点就是那里，这是她的事业所在。可是，她既是职业女性更是母亲。这两个角色总有难以调和的地方。

每次离开成都，年幼的儿子是她最大的牵挂。清晰地记得，在八岁那年的秋天，父亲和母亲又要跟随铁路局去偏远的大凉山修建成昆铁路。母亲为了给我找到满意的保姆在成都近郊快跑断了腿。一天，她拉着我的手一户农家又一户农家询问谁愿意带我，谁能在她离开时照顾她年幼的孩子。可是，我们走到黄昏也没找到合适的人家，母亲几近绝望，伤心地看着我。

"妈妈，不要他们带我，我要和你在一起。"

"可是，你要在成都上学啊"，说完母亲久久不言。

后来，我寄居在别人家。没有父母的呵护，寄人篱下的滋味实在难熬。一次，母亲寄信给我寄养的人家，其中顺便提到可能 7 月 12 号左右会回成都。于是，从 7 月 11 号起，八岁的我每天放学步行很远到火车站守望从母亲工地来的那次列车。站在月台上眼巴巴地望着过往的每辆列车，等待母亲能从其中一列上走下来，可是一连一周也没出现她的身影。后来知道母亲因为工作安排临时改变了回来的时间。

当听说我每天去车站，她不高兴道："火车站那么远，你走丢了怎么办啊？以后不许这样了。"

"可我想你了，妈妈。"

接下去母亲什么也没说，蹲下来紧紧抱着我默默流泪。

就在她这次又离开的不久后，突然有天，母亲提着大包小包出现在了我们面前。

我和弟弟惊喜地扑上去。母亲说："妈妈不走了，就在家陪你们了。"

母亲就这样调回了单位在成都的留守处，一心一意照顾我和弟弟的学习、生活。母亲是建国后第一批成长起来的知识女性，在那个号召知识分子积极参与劳动的年代，母亲能响应号召到四川参与三线建设，本身就可见她对事业的激情和热爱。而且，三十多岁的母亲这时正处于事业的上升期，铁路工程师一旦离开一线的工地就意味着专业生涯的中断。后来的岁月中，从未听她多提一句关于调回留守处的原因，但我心里很清楚，她是为了我们兄弟两人才无怨无悔地放弃了自己的事业追求。

调回成都工作后，母亲把全部心血都放在了我和弟弟的身上。父亲长年在外地做铁路修建的管理工作，后来还去了非洲支援坦赞铁路建设的管理工作。父亲离开的日子，母亲独自料理我们的生活，敦促我们学习，教给我们为人之道。"少壮不努力，老大徒伤悲"是母亲常挂在嘴边的话，她总希望我们在学习上领先一步，提前教给我好多数学知识。一元二次方程对小小的我来说不是件容易的事，多少个夜晚，母亲就一遍一遍不厌其烦地教我每一步的演算过程，灯光下她耐

心的讲解，温和的声音，慈爱的表情我终生都难以忘怀。

在"文革"那段艰苦动荡的岁月里，开启我和弟弟心灵与智慧之窗的正是母亲，这位最有爱心的老师。

就算"停课闹革命"在家休学，我和弟弟的功课也没落下一天。母亲每天辅导我们的学习，给我们读唐诗宋词，为我们讲解算术、历史、地理。人们纷纷放下课本狂热地投入到革命洪流中，母亲却总是告诉我们"知识无用"是没有远见的人才说的话，知识不仅有用而且无价。

等历史翻开新的篇章，越来越多的人意识到科学的家庭教育之重要，有条件的家长甚至开始选择陪读。而我的母亲恐怕就是陪读家长中的先行者。我感谢她提前40年的眼光和巨大的自我牺牲，否则，我和弟弟真的会在那段时期荒废掉学业，更不要提有今天的成绩。

我小时候是个听话的孩子，凡事倒不怎么让父母操心。母亲性情比较平和，与周围的邻居、同事关系融洽，对我的教育也是谆谆善诱，记忆中她几乎没有打骂过我。记得一次不知什么事情，母亲抱着我用赞赏的口吻说："小耀，你这娃娃心地善良。"母亲这句话对我来说是一种肯定，更是莫大的鼓励，年少的我开始渐渐明白，做个善良的人，亲爱的妈妈会多么高兴。在我长大成人的岁月中，母亲的这句话一直不断提醒着我做人要心地善良，为人处世以善为先。

母亲从年轻时身体就不太好，却是个大孝女。她尊重孝敬自己的母亲——我的外婆。在母亲为我们回到成都的留守处后，她一边工作一边照顾年幼的两个儿子，后来还从湖南老家接来了自己七十多岁的母亲。外婆有比较严重的癫痫病，每个月犯病母亲都在床边忙上忙

下，从无怨言。在母亲悉心照顾下，外婆的晚年生活非常愉快，常和母亲赋诗唱和，互相砥砺切磋诗技。从外婆来到我们家直到母亲患癌症去世，整整 17 年，母亲用她的孝心无声地感化着我。她爱她的母亲，用实际行动尊重她的长辈，身正为范，育人惟德，母亲用自己的行为对我们进行了一种潜移默化的、春风化雨般的亲情教育。

　　小时候，父亲母亲总提醒我，不光学习要好，身体好才是未来事业的基础，体育锻炼很重要。我学会游泳是父亲一手交的，后来还成为中学和大学的游泳队员。而母亲则在我上小学时鼓励我去打乒乓球。为了支持我锻炼身体，母亲为我买了副价格不菲的"红双喜"乒乓球拍。当时拿着球拍高兴得不行，每天早上都抱着球拍去学校练球。母亲看我对打乒乓球找了迷，为了鼓励我做一件事情要有毅力，锻炼身体要持之以恒，不久，她送了我一本《乒乓群英》。我把这本书翻来覆去读了很多遍，容国团、庄则栋等成了我那时候的偶像。在母亲的鼓励下我苦练乒乓球，最后还获得学校比赛的第一名。运动中的艰辛很能磨砺人的毅力，培养人的拼搏精神。在后来的岁月

中，我闯荡在东西方凭着一股拼搏的劲儿开辟自己的事业，想必与母亲鼓励我刻苦锻炼有大关系。

无尽的书香

母亲嗜书如命，更颇具文采，这一点深刻地影响了我。母亲收藏的大量书籍，伴我渡过了文革休学在家的日子，我在小学时代就广泛地阅读了《唐诗三百首》、《宋词一百首》、《红楼梦》、《三言二拍》、《三国演义》之类好多外面难找到的名著。

因为书香世家的影响，学工科的母亲却爱好文艺，喜欢赋词作诗。她精通音律，工古体诗，常常与她远在外地的母亲兄妹赋诗唱和，即使在轻视知识的年月，母亲依旧保持着高雅的人文情趣，高洁的精神生活。"汉皇重色思倾国，御宇多年求不得……""驿外断桥边，寂寞开无主，已是黄昏独自愁……""杨柳岸晓风残月……"。母亲喜欢自言自语地吟诵自己喜欢的美文佳句，犹在耳畔的，是她略带湖南口音低吟的抑扬顿挫。遗憾的是，母亲没有留下生前所作诗歌的手稿，可我总宽慰自己，它们都留在了我的心里，母亲的影响早已如影随形。

母亲爱逛书店，爱买书，爱读书。她还曾告诉我，最喜欢左宗棠的对联："身无半亩，心忧天下；读万卷书，神交古人"。即使在"文革"中她也坚持订阅了大量的书报杂志，《参考消息》、《文汇报》、《大众电影》、《人民文学》、《诗刊》、《四川文学》等，这些都是家里常年能见的刊物。我的记忆中，母亲从单位回家时，就常一手端着从食堂带回家的一份粉蒸肉、一手拿着当天的各种报刊。粉蒸肉的香味和书报的油墨香常弥漫在我们与母亲共同生活的少年时代，现在想起来，那时外面"文化大革命"正风雨如晦，而在母亲的精心呵护下，我们的家却充满了健康和温馨。母亲不仅自己看书更用心教会我和弟弟阅读。她认为从小的阅读趣味和能力将决定未来的发展，占有信息才能把握机遇。从小学二年级开始，母亲就教我怎样阅读《参考消息》等资讯类的报刊，比如如何先看标题获取重要信息，如何辨别不同版面的重要性。

母亲对买书学习从不吝啬，一有机会就带着我和弟弟逛书店。十二岁那年母亲又带我逛成都最热闹的春熙路，我们走进一家新开的书店，她翻着一本书问我想不想要一本刚出版的英汉大字典。"那买下来吧。"当时我的理解很简单，以为有一本英语字典就学会英语了。母亲毫不犹豫就掏钱买了。我看了看定价：4块。对于母亲的工资来说，这个数额可是一个不小的比例。看我惊讶的神情，母亲笑着说："多学一门外语，就等于多了一双眼睛，多开启了一扇门。"

我一直觉得自己在学习方面是幸运的，是命运安排让我有一个知书达理有远见的母亲，在那个"不学 ABC，照样干革命"的年代，重视外语学习是需要眼光和勇气的。后来读大学我选择了英语专业，缘由也许真要从这本英语词典而始。多年过去了，这种英语词典已经一版再版，但是母亲买的这本，伴随我读完了小学、中学以至于后来下乡、上大学、去北京工作，一直到出国，无论家搬到世界的何处它永远在我身边。它仿佛已成了一个激励我生命之火不停地燃烧的象征。每当我遇到挫折或准备迎接挑战、努力奋斗时，这本陈旧的字典都会

给我带来力量、信心和热情。这也是一本充满慈母之爱的词典，它似乎具有了某种超现实的象征意义。它成了一个理想、一个永恒的动力。我一看见它，就看到了母亲昔日的音容笑貌，她的教导以及她的鞭策。

从左至右：儿子、王辉耀、女儿

在母亲的熏陶下，逛书店买喜欢的书成为我生活的一部分。随后的多年，走遍世界各地，每到一处必要在当地的书店停留，在内心深处，眼前的各色书店正是春熙路上那家书店的化身，只是母亲早已不在身旁，若是知道她的儿子在不断成熟和成功，想必也会会心微笑了。如今，这种好习惯已被我传给了我的子女。只要我一带我的一对儿女上街或外出，他们就会争着去书店和图书馆。看着他们从小就这样对学习和读书有兴趣，我从心里面感谢他们的奶奶。我知道这个传统是母亲一手传下来的。犹如一代又一代生命的延续，这个传统还会延绵不绝地传下去。

无疆的母爱

母亲的卓然远见远不止教给我们广博阅读。她用古训激励我们：

"'读万卷书，行万里路，有耀自他，我得其助'，古人的话不无道理，知识有时是从行走的过程中得来的。"于是，也因着她和父亲在铁路部门工作的便利，我和弟弟的青少年时代，在她的带领和支持下国内的众多名胜古迹留

从左至右：母亲、弟弟、王辉耀（出国前）

下了我们的足迹。我珍藏着母亲带我走过每个地方的合影，随着时光的推移，照片里的她逐渐衰老，却始终保持着神采奕奕、优雅得体的风仪。

四岁那年母亲就带我去了北京。站在长城上，看着山下蜿蜒逶迤的城墙。母亲对我讲了好些长城的历史。

我幼稚地对母亲许诺："等长大了，我也要造一座比长城还要长的墙"。

母亲微笑道："古人修长城是为了防御北方的敌人，你要那么长的墙防什么呢？不过，男儿倒要有建功立业的大智大勇。"

二十多年以后，当我给"三峡工程"带来了第一笔国际投资，当三峡大坝成功截流长江，我畅游在三峡奇美的风光里，想起了我对母亲说的那句童年戏言。我并没有修成那段墙，却为"三峡工程"出了

一份力；没有挡住"敌人"，但为挡住洪水做了一份贡献。

10岁起，母亲带着我和弟弟又去了北京，后来还和父亲一起回了在杭州西湖附近父亲的老家。

母亲不仅带我们去北京、杭州这样的历史名城游览，刚上初中时还带我们去她的老家湖南寻根。有一次在美丽的岳麓山下，我对母亲说："妈妈，等您老了走不动了，我就带您旅游，要带您走遍世界。"她听完灿烂地笑了。

记得在岳麓书院和爱晚亭，母亲久久不愿离去。此前，她极少提及自己的身世和家族。这次寻根之旅，母亲对我讲了很多关于欧阳家族的历史。母亲说了一句让我印象深刻的话："出来寻根是要寻到我们的文化血脉，看看祖辈成就了什么，记住那些光荣和教训。"

母亲那天有些少有的激动，她告诉我，比起英国的牛津大学、法国的巴黎大学、俄罗斯的莫斯科大学，岳麓书院的历史要悠久许多。而她的太曾祖父欧阳厚均是湖南的历史名人，是岳麓书院历史上任职时间最长的山长，因为桃李满天下而泽被三湘。开坛讲经，曾国藩、左宗棠、江忠源都是他的膝下门生。我当时很震惊，第一次听说先祖竟然是个青史留名的学术大家。心里涌起强烈的自豪感和说不出的惶恐。

我知道，这是母亲在给少年的我有意识的激励。

再后来，我15岁，有了自己行走四方的强烈冲动。便天天缠着母亲，想让她同意我在暑假独自去北京的计划。开始她坚决不同意，20世纪70年代初的中国并不太平，让15岁的心肝儿子只身去北京，是万万不可以的。我三天两头采取"死缠烂磨"的手段，终于有一天，母亲叹了口气："小耀，'读万卷书，行万里路'，路上要小心。"现在自己为人父母了，回想起来，那时真是年龄小不懂事，下这样的决心很是让她为难和担心。母亲从单位托人在火车上照顾我，又打点朋友在北京安排我的住宿，为我出行忙前忙后。而我顾不上多考虑她的感受，兴高采烈地自己坐上火车去了北京。说来也是幸运的，那年15岁的我在北京呆了半个多月，每天早出晚归到各个景点旅游，几乎游遍了整个京城。从这次旅行开始，我的内心变得更独立，见识更加广阔，下决心未来一定要到外面的世界念大学，要到外面的世界去打拼闯荡。

那些年，母亲引领我在知识的海洋里遨游，同时，带领和支持我走出盆地、在无疆的国土上开阔着胸襟和视野，她用无边的爱让我明白山外有山，天外有天，男儿志在四方。

无形的针线

1977年"文革"后首次恢复高考，在千军万马的竞争中挤过了独木桥，我和弟弟同时考上了大学，父亲说母亲高兴得辗转反侧难以入睡。

后来，我去了广州读大学。母亲的心仿佛也从四川飞到了沿海，大学四年，她无时无刻不牵挂着远在异乡的儿子。毕业的那年，我憧憬着未来开始计划毕业后的分配。那时，毕业生都是由学校来分配，谁也不知道会被学校分到哪儿。但我有信心也非常希望自己能进北京的国家部委工作。从小就游遍过北京的我，对到首都工作充满了向往。那里不仅是中国政治、经济和文化中心，也是人才济济的地方，

还是有更多机遇的地方。

20 出头，年轻、血气方刚，一心要到竞争最激烈的地方去大展宏图。我主动去找主管老师，刚跟他说明意图，他就拍着我的肩膀说："你母亲刚给我们寄了一封信。"

"信？什么信？"我非常意外。

老师笑道："你可能还不知道，你母亲不久前给我们写了封信，请求我们把你分回成都。"

刹那间就明白了，原来、其实母亲一直都舍不得我，虽然她从小教育我"男儿志在四方"，但毕竟是自己一手带大的亲身骨肉，大学四年的思念让她煎熬难耐，这一去北京不是更远更久了？她怎么

从左至右：弟弟、母亲、父亲、王辉耀

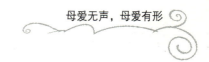

舍得？！

我的感情很复杂，有感动有失落还有迷茫。感动的是母亲的那份难舍的爱，失落的是我已长大成人终究会离开父母，迷茫的是我应该去哪里。

一连几天，我思索着自己的前途。我想去北京。

于是，提笔给母亲写了封信，坦诚告诉她自己所有的想法。

不久，那位老师又把我叫到了办公室："瞧，你母亲又来信了！"

这次我没有那么意外，我了解母亲，能猜到信的内容。果然，老师说："你的母亲真替你着想，你想去哪儿，她就让你去哪儿。"

我捏着信，情不自禁地笑了。

后来我如愿以偿地去了北京国家对外经贸部工作。每次离开都是母亲亲自把我送走：无论是下乡插队，还是去广州读大学，或到北京部委工作，再到赴国外深造。曾经"自私"地想把我留在身边的是她，后来既伤感又高兴地把我送到首都，送到加拿大的也是她。

她舍不得我，但更愿意放飞我。

看着母亲依依不舍送别的样子，我的心骤然一阵疼痛，一定是母亲缀扣子的针线穿透了心胸。从这一瞬间，我的心变成了一只风筝，风筝的线永远拽在母亲的手中……

子欲孝而亲不待

我赤身而来，出生在这个世上，是母亲给了我爱和整个世界。日月经天，江河行地，而母亲给我的爱又何止天宽，何止地大？

　　也许对母亲来说，最值得安慰的就是看着她的儿子成长、成才。我和弟弟也一直很努力，生怕辜负了她的希望。值得一提的是我弟弟王辉进的学习、工作也很出色。他是最早一批考上赴美的留学生，在美国著名的密西根大学拿到了工程学硕士和工商管理硕士（MBA）双学位，后曾就职于许多大型的跨国公司，现在壳牌石油中国公司做高管。我们的经历和发展有很多相似之处，这或许也可以归功于我们都成长在同一个家庭和共同拥有养育我们的父母。

　　可是上苍太不公平，就在我刚进入北美的跨国公司工作，事业正起步的时候，突然收到父亲的来信，说母亲被确诊为肺癌晚期。心急如焚的我，顾不上工作，不知是怎么请的假，怎么回的国。在母亲身旁，和父亲一起守望着她被病魔折磨的身心，我不禁痛苦万分。癌症的治疗异常痛苦，但看得出母亲求生的欲望非常强烈，她不甘心就这样离开，她才不到52岁啊。

　　这期间，我和弟弟尽最大努力为她办理了去美国的签证。记得，我陪着虚弱的母亲去了美国驻成都总领事馆，当时美领馆还设在成都锦江宾馆。患病的母亲居然顺利通过了签证官的面试，成功地取得了赴美签证。母亲当时很高兴，希望有生之年能到国外看看成了她最后的心愿。可是母亲的病情恶化得非常迅速，还来不及登上前往美国的飞机已经病得很严重了。

　　母亲是个知识女性，她曾经热烈地追逐过自己的梦想，热诚地投入到喜爱的事业。可是为了我们，为了我那句"妈妈，我想和你在一起"，她什么都放弃了什么都牺牲了，一生无怨无悔，不求回报。她用过人的远见、全部的心血精心培养了两个儿子，却来不及看到我们所取得的成就，来不及听到孙儿孙女叫她"奶奶"，来不及让我履行在幼年时向她许诺的"带妈妈走遍世界"。

少年时代，她尽其所能满足我们一切要求，作为母亲她无愧于儿子，可作为儿子却不能实现她一生最后的心愿。这，成了我此生最大的遗憾、最难以释怀的痛楚、最难以解开的心结。

古人说"树欲静而风不止，子欲孝而亲不待。"这话真真说到了我的痛处。母亲去世整整20年了，七千多个日日夜夜我的想念和惋惜从未停止过。每次回成都老家，有机会总会去安葬在磨盘山母亲的坟前鞠个躬，放上一束她喜爱的黄菊花，跟她汇报我的近况。无论在外面的世界做出怎样的成绩，站在母亲面前，我永远是儿子，永远是她的"小耀"。

今年是母亲去世20周年的纪念，我也特地选择在母亲节的特别日子写就这篇文章，它是献给已经去世的母亲，也是为了更好地纪念她对我们的深情培养和厚爱。希望母亲在天之灵，知道我们没有辜负她生前的期望而感到欣慰。作为活着的人，我只有如同母亲生前教诲的那样，不虚度光阴，不断地努力奋斗，激发出自己人生的最大潜力，做一个有利于社会的人，才能报得母亲"三春晖"。

母亲活着的时候，我们彼此从未向对方说过"我爱你"这样的话。可我知道，她用一生在爱我，点点滴滴的母爱滋养了我的生命，成全了我的人生，母爱无声，母爱却如影随形。

亲爱的妈妈，我爱您。若是有来生，还要做您的儿子，哪怕就给我一次，一次反哺报答的机会。

　　著名小提琴家，是当今国际乐坛最活跃的杰出中国小提琴家之一。作为第一位夺得国际小提琴艺术四大奖项之———意大利帕格尼尼小提琴大赛金奖的东方人，其美妙绝伦、激动人心的琴声早已遍布美国纽约林肯艺术中心，洛杉矶好莱坞碗形剧场、加拿大多伦多福特中心、英国伦敦皇家歌剧院、威格莫尔音乐厅、法国巴黎香榭丽舍大剧院、凡尔赛宫路易十四歌剧院、瑞士日内瓦维多利亚音乐厅、俄罗斯莫斯科音乐大会堂、克里姆林宫以及日本东京山托利音乐厅等世界著名的演出场所。其合作过的乐团包括英国皇家爱乐乐团、俄罗斯国家交响乐团、中国国家交响乐团、中国爱乐乐团等众多国际知名乐团。多次受邀以客座演奏家身份参加美国阿斯彭、罗文尼亚、德国 Ludwigsburg、瑞士日内瓦、蒙特瓦维、阿斯柯那、芬兰萨沃林纳、西班牙、法国、意大利、日本、北京、香港、澳门、台湾等多个重大的国际音乐节活动。其激情洋溢的演奏以及无可比拟的音乐魅力征服了全世界近 40 个国家及地区的观众，被西方媒体盛赞为"一个伟大的天才，一个无与伦比的小提琴家"。

母亲的幸福生活

吕思清

母亲的一生很平凡，她出生在烟台，十岁时全家搬到了青岛。青岛解放时，姥爷因为以前交了些国民党朋友，怕以后有麻烦，便决定举家迁往台湾。但在上船前的一刻，母亲的二大爷却死活不肯走，后来，姥姥便带着母亲和二大爷留在了青岛。

就这样，母亲的生活轨迹完全变了。我常想，如果当初母亲没有留下来，那也不会有我，更不会有后来许许多多的事。人生其实有很多种，任何一个突如其来的决定或主意都有可能改变一生。

失而复得的女一号

母亲非常喜欢文艺，她也学过声乐。从小到大，一直都是爱唱爱跳的。从护士学校毕业后，母亲在医院上了班。院里的大合唱她参加，小合唱她也参加，每天下班医院里的同事还必须让她唱个歌才能走。单位里的人提起母亲都会赞不绝口。

当时的军代表进驻母亲的医院，有一个人写了话剧《重见光明》，是关于医院里的故事，要在医院里选一些业余演员。选演员那天，母亲特地打扮一新，还自编自演了一段小品。

表演本来就是母亲的强项，加上那天还发挥的特别好。毋庸置疑，女一号是非母亲莫属了。剧组里一致同意让母亲去演女主角，其他人更是没话说。

可有些人不乐意了，跑去领导那打小报告说母亲既不是团员又不是党员，家庭成分又不好，怎么能让她去演女主角呢？

他这一说，领导也犹豫了。那个年代很讲究家庭成分，母亲的海

外关系着实给她带来了不少麻烦。

领导这一琢磨，母亲感到很委屈。自己在文艺方面的才能在医院里已经有目共睹了。当初选角色，那么多同事都认定了这主角会由母亲来演。可现在又冒出了这么个诋毁自己的人，母亲也没办法。

幸好导演并不管这些，他看过母亲的表演，觉得母亲不仅有天分，台风也很好。当下理都没理那些流言，用红笔圈了母亲的名字，然后对医院的领导说："我看，就让她来演吧。"

导演一句话给母亲解了围，母亲顺理成章地成了女一号。

首演那天，来了很多人。母亲上台一看，下面都是人，心下不仅没紧张，反而很欣喜。心想着这下要好好表现，让之前怀疑自己的人闭上嘴了。

母亲能应付大场面，而且之前准备得很充分，演起来也很得心应手。

谢幕时，观众一次又一次地叫好。从那天开始，母亲一演就演了八个月，反应很不错。家里人都开玩笑说她成大明星了。

母亲虽然不是什么大明星，但她的才艺跟明星比起来也毫不逊色。

以前还上学时，身为代课老师的父亲就发现母亲的声音条件和乐感都不错，而且对音乐的接受能力也快，就开始教母亲练声、唱歌、弹琴，后来还推荐母亲参加在青岛市很有名的"六二合唱团"。那时合唱团里的成员基本都是成年人，而母亲只有十四五岁，是合唱团里年纪最小的团员。

多才多艺的母亲加上酷爱音乐的父亲，让整个家里都充满了文艺气息。虽然我们家不是音乐世家，但从父母那一代起，音乐的气氛便

开始弥漫在整个家庭里了。

受这种气氛的影响，我从小就对音乐特别敏感，刚出生没多久，只要一听到奶奶哼唱童谣或周围有音乐响起，我马上就会安静下来，手脚还会随着音乐的节拍摆动。当然，这些都是母亲告诉我的，她每次说起这些，脸上都会洋溢着幸福的神采。

我在邮票的这头，母亲在邮票的那头

其实，我跟母亲在一起的时间并不多，因为学习小提琴的缘故，我很小就去了外地。

1978，正赶上国家恢复高考的第二年，中央音乐学院附中原本计划招收 100 多人，但因为邓小平同志的批准，名额增加了将近一倍，还录取了一批 10 岁上下的优秀少年音乐人才。我当时才九岁，太小，并不符合上中央音乐学院的规定，但邓小平的一句话却改变了一切，他在一次外事活动中，对来访的外宾说："听说我们中国有个 8 岁的娃娃，已经能拉外国的、大的小提琴曲，我看学校可以提前录取他，给他创造条件……"

就这样学校破格录取了我，我成了中央音乐学院有史以来年龄最小的学生。

我还从来没有离开过父母身边独立生活过，听到消息的母亲当时就没了精神，虽然去北京上学是件好事，但从心里来说，母亲无论如何都舍不得我的，奶奶也舍不得我。

母亲默默地走进房里帮我收拾行李，我仍旧跟没事人一样，照样玩，甚至多了点兴奋。

我拍着手对哥哥们说："我马上就去北京啦，回来时给你们带烤鸭。"

这句话把家里人给逗乐了。

母亲也笑了："你要记得你的话啊，我们都等你的烤鸭呢。"

乐归乐，一转身，母亲就难过起来了。从小到大，我还没离过她身边，虽说她工作忙，没太多时间照顾

童年的吕思清和母亲

我。但起码每天回来，都能看见几个孩子在家蹦蹦跳跳。现在要离开一个，能不伤心吗？

第一次去北京，是父亲和母亲一起送我的。安顿好我，他们要回青岛，我要一个人留下来上学。临走时，母亲给我换了一件白衬衫、一条蓝裤子，然后帮我系好了红领巾。母亲至今还记得那天的情形：我和他们一起出了校门，跟他们告完别，笑眯眯地转身跑了。谁知他们再一回头发现我摔倒在一滩泥水里。母亲赶紧跑过来扶我，一看衣服全湿了，手也弄脏了。她赶快从兜里掏出手绢帮我擦身上的泥水，擦着擦着悄悄抹起了眼泪，后来竟不由哭出声来。

我笑着对母亲说："没事，我要去上课了"。一转身，就消失在

他们的视线里。母亲哭了一路。

后来我才知道，我刚离家的那段日子，母亲都没有好好的吃过饭，一到晚上就睡不着，起身抚着我睡过的被子落泪。母亲担心着身在北京的我过的好不好，能不能吃饱。

幸好家里还有亲戚在北京，探望我的任务就落在他们身上了，每隔段时间四姑和四姑父就来学校看我一次，然后再写信告诉青岛的父母。

身在青岛的母亲每次看见邮递员骑着车子，都会激动地跑上去问有没有我家的信啊。最高兴的事莫过于收到北京寄来的信了，每封信她都要读上好几遍，还念给奶奶听。

后来我去英国学音乐，去美国学音乐，和家里的联系方式还是靠书信。每次父亲寄来信，信里面都有母亲的叮嘱：天冷了，多穿衣，一定要吃好……这些都是极平常的话，却也是母亲最牵挂的事情。

当我第一次听别人念起余光中的《乡愁》时，我就特别感触。"小时候／乡愁是一枚小小的邮票／我在这头／母亲在那头。"那枚小小的邮票寄托的不光是我的乡愁，更是母亲那颗浓得化不开的爱子之心。

《流浪者之歌》是萨拉萨蒂所有作品中最为世人所熟悉的名作，我从两岁时就会哼唱，但小时候并不懂里面的意思。

但从 8 岁离开家乡，然后是去国外留学，全世界跑，忙着演出，我渐渐地喜欢上了这支曲子，我想现在的自己已经能很好地把握《流浪者之歌》里面的感情了。我是一个常年在外的游子，而母亲，就是常年守在窗口的那盏灯。昏黄的灯光映照的是悠长的岁月和割不断的牵挂。

只在嘴上抱怨父亲

大哥练琴时，因为家里没有多少琴谱，要到处找人去借。借来的谱子想要保存下来，就只能靠抄。父亲一门心思地抄谱，总是觉得时间不够用，恨不得一天当作两天用，好有更多时间抄谱、看我们练琴。母亲很埋怨他不该这么拼命，父亲总是笑笑，然后继续做他自己的事。刚开始母亲还经常说他，渐渐地也就习惯了。她知道父亲专心做自己喜欢的事情时是最快乐的，况且他也是为了我们才这么夜以继日地抄谱。

父亲经常要忙到深夜，我们家的灯每天都亮到很晚。住对面的邻居就很好奇："你们家是不是哪个孩子要考大学呀，怎么天天都那么晚睡早起的。"

母亲笑："是我们家老吕呀，忙着给孩子抄琴谱呢。"

邻居摇头叹道："老吕可真用功，比人家考大学还忙，培养个孩子还真不容易！"

父亲不容易，母亲也不容易。父亲忙起来什么事都顾不上，全是母亲给包下了。

母亲回家把话道给父亲听，父亲笑了笑，继续埋头抄谱。

看父亲忙的热乎，母亲也就不去打扰。跑去厨房洗了个苹果，递到父亲面前："你忙的连水都没喝一口，吃个苹果吧。"

父亲"嗯"了一声："你放那吧，我等会儿吃。"

母亲转身去做家务去了，当她拿着拖把回房时，苹果还在那摆

着，动都没动，父亲显然早就忘了。母亲摇摇头，拿起水果刀，削成一块块的送到父亲的嘴里。

这不是电视剧里的浪漫情节，而是现实生活里真真切切的关怀。

当父亲一心一意地抄谱子、教孩子学琴，而疏于理会人情世故时，母亲就要应付来自亲戚朋友不理解的话语；当父亲把自己工资的一部分拿出来免费为需要的人印谱子的时候，母亲就得从家里原本紧张的生活费里再紧出一些来，如果说父亲成功地培养了我的话，那母亲便是父亲不可或缺的臂膀，没有母亲的支持，父亲也不会几十年如一日地坚持做自己的事。

父亲说最理解他的人就是母亲了。

有一次，她和父亲去学校看我后，回来时经过王府井，父亲便说："来北京这么多天，也没好好逛逛，今天逛一下吧。"

母亲很高兴，跟父亲逛了很久，到吃饭的时间，父亲突然对母亲说："咱们要不上饭店吃顿饭？"

母亲想了想："好啊，反正都很长时间没在外面吃过饭了"

可看了一圈之后，父亲又说话了："没什么好吃的，要不咱们走吧，咱一会儿买点包子吃算了。"

母亲虽然嘴上抱怨父亲，但心里理解，知道就是那会儿我们家里经济条件好，父亲也不舍得把钱花在吃饭上，除了音乐是个例外。

回想父亲母亲走过的路，我常常会感慨，父亲其实是个很幸福的人，他把时间都用在了自己感兴趣的事情上，而我也是幸福的，因为我现在从事的也是我自己的兴趣所在，但这一切幸福的源头，都有母亲自始至终的关心和支持。

父亲说母亲才是一家之主，她把大小事都揽下来了，才让我们有了一个干净而自由的音乐空间。我能取得今天的成绩，不仅要感谢父亲，也要感谢母亲。父亲的付出是显性的，而母亲的付出则是默默无闻的。成功并不属于我一个人，里面包含了太多人的心血和付出。

《爱的致意》是英国作曲家爱德华·埃尔加送给新婚妻子的一首小品，但我每次演奏时，都会回想起自己的母亲，旋律委婉而温馨，像穿过记忆里那条甘肃路，我踏着那条石子路回家，母亲的笑脸就在我推门的时刻迎上来，给我洗去脸上的尘埃，端上暖气腾腾的饭……

"用心拉出来的音乐是最美的"

母亲对我的关心主要是生活上的，但在音乐上偶尔也会给我鼓励。记忆里的母亲总是很忙，经常要上夜班，她话不多，但每句都很入耳。

我刚开始学琴时，每天都会被父亲安排练习一些曲目。一天，母亲正上夜班回来，天已经大亮，我被奶奶叫起床后，就拿起小提琴开始了我一天的训练。

母亲满脸疲惫地躺在床上，但我的小提琴声仿佛吸引了她，她闭着眼睛，似睡非睡地躺在那里。我也沉浸在我的音乐世界里，风从窗户吹进来，外面晾晒的衣服便轻轻地招摇着。阳光透进来，照在我的脸上，照在了母亲的床上。

母亲睁开眼睛，像在自言自语："好听！"

虽然听惯了别人的夸奖，但听到母亲说好听，我心里还是很得意。放下手里的小提琴，跑到床边："妈妈，您喜欢听哪支曲子，我

吕思清（童年）

拉给您听。"

母亲笑道："你拉的每支曲子我都爱听！"

听到母亲这么说，我不乐意了："都爱听也有最喜欢听的嘛，我到底哪一支拉的最好呢？"

母亲从床上坐起来："我夸你是因为你确实拉得很好。每支曲子你都会练很多遍，很仔细，一定要练到自己满意。"

我睁大眼睛听着母亲的话。

"清清，你知道吗，你很会动脑子，很用心，这点比其他小孩强。"母亲抚摸着我的头，"一支优美的曲子，不光在于它的技巧，更多的是内在的情感和领悟力。你的优点是你肯用心去领悟每支曲子，而不是机械地演奏。用心拉出来的音乐是最美的"

母亲很少对我的小提琴做任何点评，但这句话说的却很认真，不是简单地夸我，而是认真地说她的感受。她的话对我印象很深，以后练琴更注重动脑子了。小提琴不光是技术方面的问题，还要更深的思考，思考旋律的意义，"用心"两个字是母亲给我的评价。

我时刻记得这两个字的分量，用脑子去演奏，用心去感受音乐，这对音乐人来说是很重要的。

《梁祝》是我演奏的比较多的一支曲目，但每次演奏的《梁祝》其实都不一样的。因为演奏前的心情都不一样。音乐是表达心情的道具，每次演奏前的一些事或一些感悟，让我对梁祝都有新的认识和看法。用心演奏是我每次表演前都要叮嘱自己的，我相信，用心做出来

的东西，才是真正感动人的东西，感谢母亲对我的中肯评价，让我意识到了这两个字的分量。

看着老师把虫子从我耳朵里揪出来

年轻时的母亲学过声乐，所以对音乐她也有自己的见解和看法。只是有父亲有老师在教导我了，她便不会插手。如果说父亲或老师是大提琴独奏的话，母亲便是钢琴协奏了，她的职责是协助他们教育好我，尽量让每件事做到最好的和谐。

在北京时，我跟着王振山老师学习。王老师很严厉，对我期望很高。每次都会挑出我许多毛病让我改正。他的耳朵很敏锐，我只要有一个音拉不准，都会被他听出来。

有次，我的状态很不好，有个音老是拉不准，有点心不在焉的样子。王老师站在我的身边，让我把那个音重复拉了很多次，却仍然达不到他满意的效果。

一怒之下，他拧了一下我的耳朵。正好赶上母亲来学校看我，这一幕被她撞见了，母亲当时就心疼了。心里想着老师教起孩子来还真不手软啊！"严师出高徒"的道理她很明白。心疼归心疼，但王老师是真心为我好，母亲能体会的到。她就一句话也没说，静静地站在门口等我。

直到我练完了之后，她才走进来。我一看母亲来了，想到刚刚那场面被母亲看见了，又羞又愧。

母亲假装什么也没看见，问道："怎么啦，挨训了？"

我摇摇头。

王振山老师对母亲说："这孩子真不错，只是刚刚有点开小差，你看，现在不拉得挺好么！"

听到老师在母亲面前夸我，我又兴奋起来，对母亲说："刚刚一个虫子爬到我耳朵里去了，老师给揪出来了。"

母亲和老师都哈哈大笑起来。

事隔多年后，母亲还跟王老师提起了这件事，其实当时的她心里已经心疼得不得了，可她就是狠着心看我挨训。因为谁都知道：一棵小树要长成栋梁之材，是不可能不经过数次修枝剪权的——这是她和老师共同达成的默契。

从左至右：吕思清、老师、父亲、母亲

一根香蕉让我开窍了

母亲很孝顺，跟奶奶的感情很深，母亲说她这一生中受奶奶的影响很大。奶奶虽然没有念过书，但懂得的人生哲理很多。像母亲经常跟我们讲的"知足常乐，平安是福"、"多求安乐少求财"、"节约用水"、"尊敬老师"，都是我奶奶曾经讲给她听的。

这些她都会牢牢地记住，并把奶奶教给她的东西教给我们。

家里那时候并不富裕，还要供几个孩子练琴、上学，平时能省就省。像现在小孩子常吃的水果、零食什么的并不常买。有时亲戚串门，带来些好吃的，我都会盯半天，但不急着吃。

因为母亲肯定会说："去，把东西先送给奶奶吃。"

但我很好奇每次送好吃的东西，奶奶都说不爱吃。

有次父亲下班回来拎了几斤香蕉。放下香蕉，父亲一如既往地检查我的作业。我一边盯着香蕉，一边认真地在父亲面前拉着当天的练习曲目。

父亲很满意，拿起一个香蕉："不错，奖励你一个。"

我开心地拿起香蕉正准备吃，母亲突然进来了。

看到母亲，我举着香蕉，转身就跑了。父亲一头雾水。

母亲早就说了，有好东西都要先给奶奶尝。

我一蹦一跳来到奶奶面前："奶奶，快吃香蕉啊。"

奶奶高兴坏了："清清真乖，有好吃的尽想着奶奶了。"

我把香蕉送到奶奶嘴里："奶奶快吃啊。"

奶奶推开我的手："我不爱吃，你吃吧。"

我就不解了，香蕉这么好吃，奶奶怎么还不喜欢吃呢。

我跑去跟母亲报告："奶奶说她不爱吃，让我吃呢。奇怪，奶奶怎么有这么多不爱吃的东西呢？"

母亲捏着我的脸说："香蕉贵，奶奶舍不得吃。那些好东西，谁不爱吃呢，奶奶不吃，是要留着给你们吃。"

我仿佛明白了，又问道："那你每次跟奶奶说你不爱吃，是不是也是舍不得吃？"

母亲一愣。

我把香蕉递给母亲："妈妈您吃吧，我不爱吃这个！"

母亲哈哈大笑起来。

父亲从后面走过来，拍着我的脑袋笑道："这孩子开窍的真快！"

奶奶时常说她很幸福，有个这么好的儿媳。母亲孝敬奶奶，我也孝敬母亲，这种优良品德来自于母亲的言传身教。现在我有了儿子，我也会尽量注意自己的言行，因为家长是孩子眼中的楷模，只有自己做好了，孩子才会有个好的榜样。

很小的时候，我去外地求学，得到了很多人的帮助，母亲清楚地记下了每个帮助过我的人的名字。在这方面，母亲堪称我们的榜样。她总是教导我们，要多跟朋友联系，多帮助那些需要帮助的人。长大后，她也会适时地打来电话，提醒我该去给哪个亲戚打电话问候或是去哪个老师家拜访。母亲总忘不了那些在我成长道路中给我帮助的人，同样她也提醒我不要忘记。

我不会忘记那些曾经帮助过我的人，也会帮助那些需要我的人。

当我奔波于世界各地义演时，我不觉得累。人，是在社会中成长的，当然要回馈社会，我乐于跟全世界分享我的音乐我的激情。

从奶奶到母亲到我再到我的孩子，人生的道理会一代代传下去，而那些好的品质，如孝顺如感恩，我也会教给

从左至右：母亲、吕思清、父亲

我的孩子，这些都是受用一生的礼物，代代相传。

家里又多了个让母亲牵挂的人

现在的我有了一个自己的家，也有了自己的孩子，母亲的爱也随着血液在延续……

儿子快出生的时候，我和妻子计算好了日期，给母亲打电话，订好了她来美国的时间，遂料儿子却突然降临了。虽然之前做好了准备，但他的到来还是让我们慌了手脚。除了给母亲打电话让她修改行程外，我开始手忙脚乱地照顾儿子和妻子。母亲办好签证等手续，已经是三个星期后。

母亲欣喜地来到了美国，一进家门，她就急忙走进了房里，儿子

献给母亲的礼物

正睡在摇床里。母亲脸上荡漾的笑意让我想起了奶奶，多么相似的神情，原来爱不仅是延续，更是相通的。

母亲轻轻地捏着儿子的小手指，小声地跟我说：你看，他多像你小时候啊！

看着母亲幸福的表情，我有种莫名的感动和自豪。

母亲自从有了孙子后，身上又焕发了年轻时母性的光辉。只要儿子不睡觉，她肯定也不会睡，每天就是看他千百遍，也总觉得看不够。

有次，我和妻子出去赴约，留下儿子让母亲照看。回去时，已经很晚了，我开着车，和妻子说："不知道今天你不在，儿子吵闹了没有。"

妻子笑道："再哭再吵，你妈都能应付。"

"不一定哦，说不定现在在哭着不肯睡呢。"我随意地说着，心里想着，这么晚了，母亲肯定早把儿子哄上床了。

到家了，我打开门，却惊异地发现，卧室里居然还亮着微弱的灯。我们推门进去，儿子正睡的香甜，而母亲，却坐在床头看着儿子。

"妈，您怎么还不睡啊？"我和妻子都很惊讶。

"睡不着，不知道怎么，一看到他这张小脸，我就高兴得睡不着，怎么看也看不够。"母亲一脸的幸福。

我和妻子无语了。

人家都说"隔代亲"，果然不假，母亲对儿子远比我们自己宠爱的甚。母亲说，很多年没抱过孩子了，儿子的降临又让她找回了多年前当母亲的感觉。

有了母亲帮忙照顾儿子，我也有更多的时间腾出来去参加演出了。但我并不希望母亲太操劳了，正如奶奶以前所说的"儿孙自有儿孙福”，子女的幸福都是自己挣来的。

母亲希望的幸福就是她的儿孙懂得“知足常乐”，平安健康地走过一生。如今父亲已经去世，母亲也老了。有时我很希望她能够在我身边，为她做些什么，尽尽做儿子的孝道。当然这已经不太可能，因为两代人的生活节奏和生活方式毕竟不同，母亲也有母亲的生活，也许我们做儿女的尊重她的意愿就是最大的孝顺。

生活是由无数个平凡微小的细节组成，每个细节串起来的情节都是真实的小幸福。

退休后的母亲又重拾起了年轻时的音乐梦，她现在正在学钢琴。生活的很充实，虽然很平淡，但我想这种平淡中露出的幸福才是最大的幸福。

1982 年，武汉大学数学系毕业。毕业后在武汉大学经济管理系任教。1984 年，赴美留学，入美国伊里诺伊大学（University of Illinois at Urban Champagne）。1989 年，获经济系博士学位后，被亚洲开发银行经济发展研究中心聘为经济学家，负责东亚经济、区域间经济合作、亚洲债务、亚洲金融市场方面的研究。1995 年，调到亚洲开发银行规划部任高级经济学家，负责南亚、孟加拉，巴基斯坦等国的政策，发展战略与经济事务工作。2000 年，调到亚洲开发银行驻中国代表处任首席经济学家。2004 年，任亚洲开发银行驻中国代表处副代表兼首席经济学家。

北京大学、武汉大学、暨南大学兼职教授，北京市、广州市政府金融顾问团顾问，中国经济 50 人论坛成员，欧美同学会商会理事，中国红十字会基金会理事等。

主要著作：《亚洲成长三角区—区域间经济合作的一种新形式》(1994 年牛津出版社出版）；《印度尼西亚—马来西亚—泰国成长三角区—理论与实践》(1996 年亚洲开发银行出版社出版)；《现代经济学前沿专题》一、二、三集 (1989 年，1992 年，1996 年商务印书馆出版)。

发表亚洲、中国宏观经济、部门经济、金融改革及教育改革等方面的论文一百余篇。

成长路上难忘母亲的调教

汤敏

多年来我一直有一个愿望，想找个机会把自己成长过程中的一些事情写下来。我们这代人的经历可说是"前无古人，后无来者"。数一数我们在那些年中各种难忘的经历，如：大跃进、三年天灾人祸、"文化大革命"、武斗、上山下乡、回城、考大学、出国、在国外工作、再海归，都让我们赶上了一个"末班车"。我们的人生有点像过山车，大起大落。很多经历虽说没有像《血色浪漫》等小说与电影所形容的那么集中、那么富有戏剧性，但也有一些能跟自己的儿孙们吹一吹牛的故事。

就像长辈们跟我说他们的坎坷回忆一样，我也跟我的孩子说起过当年那些属于我们这一代人的辛酸艰苦的经历。这次借本书的编辑出版，我很愿意把自己的这些感受写下来，既写给家人，也写给自己，就像是超越时空和家人再回顾一下以前所走过的路。

严格的管教

据说，一个家庭有两种主要形态，一是严父慈母型，一是严母慈父型。当然，"严"与"慈"的标准与各人的感受有关，是一个见仁见智的问题。民间统计学把中外小说中的家庭状况分析后得出的结论为：严父慈母型家庭的子女不循规蹈矩，比较有创造性。但不容易有所谓传统意义上的"出息"。反之，严母慈父型的家庭子女比较听话，容易有"出息"。前者如贾宝玉等，后者为岳飞、孟子等。不管别人信不信这套理论，反正我信，尽管我妻子总是说这是我逃避教育儿子责任的借口。

我家并不是一个上述的"严母"型家庭，实际上我的母亲也像所有母亲一样，对我们一直十分疼爱，在生活上，有时甚至也免不了有点娇惯，但是，在对待我们的学习上，母亲可说是一点也不放松，母亲的严，主要严在抓我们的学习上。经常是正玩在兴头上，突然被母亲喝令坐下来听写生字。不知为何，母亲总能把那些笔画多又特别难记的字挑出来考，一考一个准，使得你不得不一身一身地出冷汗，大为后悔为什么平时没多看几眼这些字。

比考生字还可怕的是抽查书包。母亲经常冷不丁地把我的书包拿过去，一本一本作业本拿来细看，把上面的错误一个一个地挑出来数落。

印象最深的是有一次我的数学测验只得了一个 70 分。原因是把一些本来不该算错的题居然也马马虎虎地搞错了，考试成败乃学生之常事，我也没在意。回家扔下书包正准备出去玩时，突然被母亲叫住。

我还没反应过来是怎么一回事，母亲突然拿起我的书包。我知道她要突击检查了，提心吊胆地站在一旁看她翻。

母亲拿起我的数学试卷，看到试卷上的"70"，淡淡地问了一句："怎么才考了 70 分？"

我"嗯"了一声："这

母 亲

次没考好！"

母亲仔细地检查着试卷："我来看看你到底在哪失了分。"

我心里一慌，因为母亲一检查起来，连个标点符号都不放过。果然，母亲指着我的试卷说："这道题，你明明会做的，怎么还弄错了呢？"

我支吾了一声："不小心做错了。"

母亲接着又问："那这道题呢，这题你也是做过的。哦，还有这道应用题，你怎么不小心做错了这么多！"

我看母亲脸色不对，忙说："下次，下次我一定保证考好。"

"这不是考没考好的问题，主要是你又犯了粗枝大叶的毛病，没把考试当一回事。把不该错的，你都做错了，你根本就没有用心考试！"母亲声色俱厉。

我低着头不敢吱声了。

母亲训了我足足两个小时，没有办法，我只好作痛哭流涕状并信誓旦旦地表示要痛改前非后才罢休，以后一到考试时，就想起这顿教训，与其再挨两个小时训，还不如考试时认真点。当然，偶然失手后，也要想办法"销声匿迹"

相对于母亲来说，父亲的管教就松多了，比如说练毛笔字。我父亲让我练毛笔字有一整套程序。吃完晚饭后，要先把桌子擦干净，再铺上一张报纸。电灯拉低，还要用一张纸做成一个灯罩，使得周边暗将下来，然后把墨磨好、笔洗好。坐要端正，腰要绷直，手要悬空，眼光要集中等等。等这一套架势全摆好后，父亲才从"头悬梁、锥刺股"的学习态度开始，到写字原理，再到字体结构、用力技巧，一通说来。终于等到要开始练习了，我已经是上眼皮打下眼皮、昏昏欲睡。看到这种情形，父亲往往一摇头、一叹气，再加上一句："孩子困了，明天再写吧！"。

我一听这话往往跟吃了兴奋剂一样，困意顿时全无，一下子跳将起来，不等母亲出来阻拦，我迅速地把桌子上的东西收好，玩去也。

母亲常怪父亲对我们管得太松，父亲就乐呵呵地笑。

想不到这种毛病还代际相传，我后来身为人父，负责督促儿子练钢琴。一看到他坐到钢琴前痛苦的样子，我的怜悯心就上来了，不知不觉地重复了父亲明日复明日的套路。至今儿子还以此为借口，说如果当时我不是那么"慈"，他没准儿也是朗朗第二了。

温馨的家庭

我父母本来都在北京工作。1959 年中央为支援边疆建设，把各部门干部大批下放到边远基层，我的父母也带着我和两岁的弟弟下放到广西南宁。对父母来说，从大都市、大机关一下子调到一个中小城市，生活与精神上的无奈和压力可想而知。

然而，中小城市的生活也有其特有的乐趣。城市小，干什么都方便，比如说看戏。小时候印象最深的事情之一就是看戏。南宁是个省会城市，本省的剧团在城里经常演出。就是中央的各种剧团也不时地来巡回演出。城市小，按现在的话来说，每年人均能看上戏的机率很高。

我父母都爱好文艺和戏剧。一有演出，他们就千方百计地去搞票。那时不叫买票，叫搞票，尽管一分钱也不能少出。我当时才 6、7 岁，弟弟 3、4 岁，按说不必带我们去。但每次看戏父母都一定要

带上我们。有时票不够，我父亲就负责买黄牛票。他称之为"打游击"。票少人多，买黄牛票的竞争经常也很激烈。这时我们与母亲往往都是站在远远的地方不安地等着。因为如果买不到票，全家都得打道回府。父亲特别擅长从一大群人中辨认出谁有多余的票，并很快谈妥价格，把票抢到手。每当看到父亲兴冲冲地回来，我们都雀跃不已。而当母亲问他花了多少钱买的票时，父亲总是回答说："原价，原价"。

那时中国的舞台还是由才子佳人们占据着的。对于小孩来说，没有什么比看见演员开口唱更觉乏味的了。一句很简单的话要唱半天。唯一能引起兴趣的是丑角出场时说的那几句大白话，我们能跟着傻笑几声。开戏后的第一、二幕还能撑着看一下。到了第三幕我们就陆续进入梦乡。不知为何，在一片噪声中，在不甚舒服的椅子上，我们怎么就能睡得那么香。直到散场时，母亲对睡眼惺忪的我们说："戏演完了，该起来了。"

我揉揉眼睛说："啊，唱完了么，好看吗？"

这句话常逗得一家人哈哈大笑。回家的路上，母亲耐心地把剧情讲一遍。似懂非懂的我们感到十分心满意足。其实那么大的孩子只喜欢听结果，每次看戏只要母亲告知了最后的结果，我们都会像亲眼看见一样或欢喜或悲伤。而对我们来说又知道了故事，又没耽误睡觉，两全其美。当时我唯一不明白的是，为什么这么一个简单的故事要唱上三个小时。

尽管我不喜欢看，但我还是乐于跟着家人兴冲冲地去戏场。我看戏的醉翁之意还不在于那场戏，而在于回家路上的那顿夜宵。一般我们都会到一家小甜品店，喝上一碗芝麻糊或是一碗甜酒，加上一个包子或一块鸡蛋糕什么的。临近午夜，街上的行人全无，一家人围着一张热气腾腾的桌子，那气氛、那享受很难用言语表达得出来的。后来读到鲁迅先生的《社戏》，我都会心领神会地闭上眼睛笑起来。

深夜的街道总是弥漫着一些雾气，有时那样的温馨雾气竟会从悠悠岁月里飘出来，带着甜酒的滋味，一家人的笑声也会随着记忆而再次浮现在眼前。

长大后我体会到，父母当时如此执着不断地带我们去看戏，是要给我们展示一种生活方式和文化理念，要培养我们的文艺细胞。虽然这种熏陶对我没有什么功效，但对我弟弟却起了作用。他后来喜欢文艺，成了专业话剧演员，又成了电视节目主持人，并获得了这一专业的最高奖项，即全国"金话筒"奖，这可以说与小时候经常在戏院里

从左至右：父亲、母亲、妻子、汤敏、儿子

看戏不无关系。

这些记忆曾使我深深感受到了家庭的温馨，父母儿女之间亲情的温暖，可以说，不管外面的风雨和压力有多大，温馨的家庭，永远是我们心灵的保护伞。

"串联"使我长大

文化大革命开始时，我们还在上小学。进中学后的第一天就开始了停课闹革命。当时看见大同学们大串联什么的，我们只有羡慕的份。直到1966年底中央已经正式宣布停止大串联了，有一个高年级的同学愿意带我去一趟北京。我兴奋地回去跟母亲说我要去北京。

母亲一口否决了我的热望："外面这么乱，哪儿都不要去。"

我不停地解释："没事的，我跟大同学一起去。"

"那也不行，没个大人在身边的，哪都不许去。"母亲很坚持。

我父亲当时正在外地，家里由母亲一人做主。母亲不让去，我也不敢私自行动，只好跟她软缠硬磨。几天下来，母亲都没有动摇，我已经完全放弃了希望。但突然有天母亲松口了，说："真想去就去吧，路上一定要特别小心！"

真意外！但更多的是欣喜若狂！

母亲却是忧心忡忡，看我兴奋的样子，也就不多说什么，只一遍遍地叮嘱我要注意安全。我嘴上答应着，心早就飞到了北京天安门了。

第二天我们去车站时，那里一片混乱，从车门根本上不了火车，所有的人都要从窗子爬进去。车上所有的座位都挤满了人。我只得爬上行李架，在上面熬了四天四夜。当时的火车根本没有餐车。吃的东西只能停车时在站台上买。当时物资极其紧缺，站台上的食品也是时有时无。车好容易快到北京了，忽然听说北京站查得很严，抓到串联的学生直接就送上回程的火车。于是到了丰台站我们就跳下了车。从车过武汉起，我们就没有吃过东西。饿了这么长时间，路都走不动了。见到第一家商店就冲了进去，但想不到那是一家水果店。我们只好买了几个冻柿子。肚子饿了什么都好吃，我从来没有吃过这么好吃的柿子。从此以后，我对柿子就有了特殊的感情，每年总要吃几个柿子回味回味当年的滋味。

这次串联应该是我从少年到青年转折的非常重要的一步，自那以后我觉得自己真的长大了，能独立地想点事，干点事了。现在回想起来，还不得不佩服当时我母亲的胆识。我那时太不懂事，不知道母亲的难处。一个 13 岁的孩子在那兵荒马乱的情况下去串联，要承担多大的风险，而母亲要担多大的心。从坚决不同意到终于肯让我去北京，她要经过多少思想斗争。虽然她常说我长大了，可以一个人出去看一看了，但只有做过父母的人才能体会到她当时的担忧和牵挂。

后来，当我儿子 13 岁时有一个只身到美国上暑期学校的机会，我和妻子商量后，也决定支持他去。虽说他与我当年所冒的风险不可同日而语，但让孩子有独立闯荡一下的机会，对他的成长还是有一定作用的。

艰苦的磨炼

与许多其他的中国家庭一样，我们家在"文革"中也遭受了很

大的冲击。文革一开始，父亲就被扣上反动学术权威的帽子，受到批判。一次，父亲接连几天都没回家，杳无音讯，全家人急得都跟热锅上的蚂蚁一样。广西文革斗争中的残酷在全国都是有名的。我们的邻居有人失踪后就再也没有回来。

母亲比谁都着急，她总是留心着外面的一举一动，希望能听到那个熟悉的脚步声。为了不让我们担忧，总是安慰我们："别急，爸爸会回来的。"说完就不断地望门口。

一天深夜我忽然被母亲叫醒，说是父亲回来了。怕引起别人注意，我们也不敢开灯，只能在黑暗中说话。全家又是庆幸，又是难过。庆幸的是父亲终于回来了，难过的是父亲又被批斗了，也被打了。在月光下依稀看到父亲被打的伤痕，我不禁暗自流泪。从此父亲每天天没亮就离开家，深夜才回来。我们平常也不敢出去玩，一些小朋友也疏远了。记得我曾偷偷地到父亲被强迫劳动的工地上，远远地去看他辛苦地搬石块、铲土挑土，心中有说不出来的痛楚。

父亲被批斗后，还被扣发全部工资，每月只发给25元生活费，于是，我们全家六口人只靠母亲的一份工资过活，生活一下子就紧了起来。母亲毅然承担了维持全家生活的担子，采取了一系列的紧缩措施，把不是十分必要的开支一律砍掉。

她说："从今天起，钱要省着花，能自己做的事情就自己做。"

我和弟弟都立即行动起来。妹妹还很小，但也像小尾巴一样跟在我们的后面，不时地给添点小乱。

为了节省钱，父亲抽的烟卷，我们自己做，母亲让我们到市场上买些晒干的烟叶切成丝后，再用几片木片加上一块塑料布做的小卷烟

机给父亲卷烟。就这么一个简单的"机器"，居然也真能把烟卷出来，一次还能出两根，真是神奇，我和弟弟每次都会抢着给父亲卷烟。

为了节省几毛钱的理发钱，我们买回剃头的推子，剪子，兄弟俩互相理发。一开始是理得白一块黑一块，好几天我们都不敢出门。但很快就理得像模像样了。这一技术后来在农村插队、上大学、甚至在美国留学时，都派上了大用场。

从那个时代过来的人都知道"新三年，旧三年，缝缝补补又三年"。我们的衣服通常都是我穿小了再给弟弟穿。母亲还翻箱倒柜地把父亲的旧衣服找出来改一改再给我们穿。为省一些钱，母亲到市场上买来便宜的白坯布，经几煮几晒，染成蓝布来做衬衫。穿上了自产的衣服，我们都很有成就感，走在街上，都觉得自己特别耀眼。

一家人俨然回到了自给自足的自然经济时代。

这些都成了那段艰苦日子里的难忘回忆。要感谢那段岁月对我的教育，让我学会了艰苦朴素。我也要感谢母亲，让我学会了自力更生。有些经历虽然苦了一些，但我们学会了"苦中作乐"。母亲教给我的不仅仅是省钱的方法，更重要的是克服困难的信心和能力。

母亲让我做"管家"

为了培养我，一天，母亲决定让我来掌管家里的"财政大权"。看着摆在桌上母亲刚发下来的工资，我情不自禁地说："我成大富翁了。"

母亲笑呵呵地说："你不是大富翁，你是大管家，这些钱都由你做主了，以后家里的开支也由你来计划了。"

我拍着胸脯说："以后大家的生活都包在我身上吧，我会让大家吃好喝好的。"

母亲乐了："你自己计划怎么花就怎么花吧，别让大家跟着你喝西北风就行了。"

既然成了管家，我就开始悉心管理家里的财政。当时也无学可上，年轻人精力充沛，总得找点事干干。我就跟好几个同学约在一起，天没亮就出发去菜市场排队买肉、买豆腐。有趣的是，尽管文革极"左"思潮是反市场的，但在很长的一段时间里两派忙于打派仗，无人监管，菜市场成了一个几乎完全自由的市场经济。我们几个同学联合起来一起组成了一个小小的买方辛迪加，集体议价，在市场上偶然也能呼点风唤点雨。

每次回家跟母亲说起市场上的见闻，母亲都会笑道："你不仅管家，还要管菜市场了。"

可以说，我的第一堂市场经济课，会计课及应用数学课就是在菜市场里上的。

我一直怀念着当年的菜市场，对我来说，那是一段有趣的记忆。

那是我接触经济学的开始，也是母亲的信任和支持给了我这样一个

童年的汤敏和母亲

机会。给孩子一点权力——管理财政，其实是培养孩子的一个很好途径，可以让孩子学会理财，也更加了解生活的不易。

岁月如梭，转眼间我们也都长大了。上学、出国、工作，一离家就是几十年。值得欣慰的是，改革开放以后，我父母与其他众多家庭一样，不久就调入了更适合他们的工作地点和单位，他们的生活也越来越好。在中年经历了一次又一次的磨难后，他们终于有了一个安定、幸福的晚年。

回忆起当年的点滴，我都充满了感激。一路走来，我才发现其实身边始终有母亲的一双手，扶我前行。

　　微软公司全球资深副总裁、微软（中国）有限公司董事长及微软中国研发集团主席，全面负责推进微软在中国的业务发展、市场策略、科研及产品开发的整体布局，确保微软在中国市场上继续取得成功，并加强同客户、合作伙伴以及政府的合作，推动自主创新和缩小数字鸿沟。

　　在其领导下，微软中国研发集团整合了微软十多年来部署在中国的研发资源。该集团是跨国公司在华规模最大的综合性研发机构，也是微软公司除美国之外唯一集基础研究、技术孵化、产品开发和产业合作于一体的全职能研发基地。

　　在回国组建微软中国研发集团之前，担任微软公司全球副总裁，在微软总部掌管移动及嵌入式产品线，并在短短两年间确立了微软在手机操作系统市场上的优势地位。在去美国总部工作之前，担任微软亚洲研究院（MSRA）的院长及首席科学家，是该院创始人之一。

　　1997 年，被授予美国电气电子工程师协会院士 (Fellow of IEEE) 称号，时年 31 岁，成为该协会 100 年历史上获得这一荣誉最年轻的科学家。在美国及国际上获得过诸多专业奖项和荣誉，在中国也屡获殊荣。2007 年 12 月，同时荣获 "2007 中国 IT 年度人物" 和 "2007 年最具价值经理人" 大奖；2008 年 2 月，被授予 "2007 年中国十大科技英才" 称号，以此表彰其对信息科学技术和中国信息产业的卓越贡献。

　　拥有美国乔治·华盛顿大学电气工程博士学位，中国科技大学电气工程硕士学位及学士学位。出生于山西太原。

放飞的爱

张亚勤

在我的成长记忆里，母亲永远都处于我心中最明亮的位置。我知道若没有她，就不会有今天。我的性格、意志和品质是在她的培育下慢慢形成，并且也得到了磨炼。

从小我就喜欢读书，把学习当作一件快乐的事，这同母亲的引导分不开。她常说："学习并不是一件苦差事，要用愉快的心态去对待，要学会去享受学习中的快乐。"所以母亲常用讲故事，说儿歌等一些有趣的方式来提高我的学习兴趣。从3岁起我就跟母亲学写信。起先信封是由别人替写，信中的内容是自己写。母亲回信总是先表扬我，鼓励我，并把信中的错别字加以纠正。每逢节假日母亲会给我买回一大堆连环画书、图画书等，我总是看不够。

母　亲

我家有个良好的学习氛围。晚上母亲备课，我坐旁边做作业或看书，绝对安静和用心。等母亲做完事后，才允许我提问题。她从不给我施加过多的学习压力。很多情况都是我要求学习新课啦，她才给我选些适合我学习的课本或是一些课外书，让我自学。过后她还进行考问，或是出题让我答卷，我非常乐意这样做。总希望得到母亲高的分数和表扬，所以学习时特别用功，从而不断提高了自学能力。她还把自学能力比作老师教唱歌。教一首歌，只会一首，如果教会了曲谱，就会唱很多首歌。学习中母亲还注重培养我良好的学习方法。教我不同门类的书，如何学习，如何复习，她说："良好的学习方法会事半功倍。"并要求养成良好的学习习惯，学习前做好准备，一旦坐下来就要进入学习状态，快速集中精力思考问题，提高学习效率，不允许边学边玩。

培养良好的学习方法和学习习惯及很强的自学能力，这需要一个漫长的学习过程和坚持过程。母亲在我的成长中付出了很多辛苦，做了大量细致和具体的指导。尽管这些道理很多人都知道，不是什么奥秘，但我觉得母亲和我一起做得很认真。取得了实实在在的效果。我之所以能用六年的时间学完小学及高中的课程，12岁考入中国科技大学，都是这样学过来的。并且对我以后的学习、科研和诸多工作都受益匪浅。

我有广泛的兴趣，喜欢做的事很多，绘画、音乐、体育……。这些爱好，在精神上和物质上都得到母亲的大力支持。她乐意帮我培养一切美好的兴趣，还相信我会做的很好。每次我拿着画好的画给她看时，她都会笑眯眯地说："画的真好！"简短的一句赞美话，也会使我受到很大鼓励，因而又想取得更大的进步。

在平时的言行中，她让我学会尊重他人。记得8岁那年一天的下午，路过一家邻居门口时，我悄悄对母亲说了人家的短处，我只是随便说了一两句，又没有别人在场，就不以为然。但母亲严厉地批评了我一顿，并借机给我讲了许多做人的道理。说："要善待别人，人有短处不能揭，人有隐私不能说。要想得到他人的尊重，必须首先尊重他人。"在日常生活中，我总能及时得到母亲的教导。可以说我的性

格、意志和品德是在她的培养和影响下，慢慢形成的，也从中得到了磨炼。

母亲在我成长过程中，从来都不把她的意见强加于我，总是认真听取我的意见，但要讲明理由。对了，她会听我的，不对，她会说服我，从不包办。如高考报志愿上，我与母亲意见有了分歧。她的意见为保险录取起见，除报"中国科技大学少年班"外，再报本省的两所重点院校。我不同意，只想报一个志愿"中国科技大学少年班"。当母亲听完我的想法，觉得有理，最后还是按我的意见办。

临高考前两个月我得病了，本来我就是开春后才从初三年级跳到高中毕业班的。只有不到半年宝贵的学习时间，现在又住医院耽误了一个多月，真是心急火燎。母亲也心痛地说："今年不参加高考了，身体要紧。"我那时只想和科技大学那些聪明的孩子在一起，很自信也很倔强。求妈妈让我试一试，就当作一次练习。母亲最后也同意了，说："你能行，去试吧，不试就是完全的失败。如果今年考不取，也可得到一些经验和教训，以后成功的把握就会大些。只是你一定要注意身体。"当年能愉快的参加高考，实现自己的梦想，是母亲的民主做法成全了我。

世上有一种爱，叫"放飞"。母亲对我的爱就属于这种。她不会把我捧在手心，许多事情总让我亲自去做，还说：学会独立，才能放飞。从小我就受到这方面的锻炼。上小学和中学阶段，我家很多与外界打交道的事，母亲尽量交给我去办。交代任务后，又问我这件事该怎么办，当我说出来，不足的地方她就补充一下。所以还能比较顺利地完成任务。

小时我常一个人乘火车，去外地，母亲说："男孩子，就要到外面跑跑，才能独立，才能真正了解外面的世界。"我经常一个人坐火车来往于太原到晋南的姥姥家，都从来不会害怕，因为我觉得本来就应如此。

母 亲

那年上大学，我才12岁。办理转移粮户关系、买火车票、托运行李等许多事情，都是我亲自办理的。虽然有母亲陪着，但她不出面，只是提醒我不要把证件丢了。有趣的是那次办理托运行李时，工作人员说："叫大人来办，小孩不能办。"坐在稍远处看管行李的母亲这才上来说："他能行，让他办好了，我不会写字。"工作人员无奈，只好让我办。当我填完各种表格交给工作人员看时，他们赞赏地说："还真行！"又看我是去合肥的中国科技大学上学，惊奇地问长问短，一下子办事窗口前涌起了一堆人。这时我和母亲才在一片赞扬声中费力地离开了现场。

接到大学的录取通知书后，终于要启程上学了。离家那天，母亲送我到火车站，简短地交代了一下路上注意的事项后，又是带着微笑

的说了一句"你能行！"是的，我真的能行。虽然我多么希望母亲也能一起上车，陪我去那遥远的陌生城市。但一句"你能行"给我很大的自信和力量。我克制着眼里的泪水，心里默念："妈妈，我要飞走了，我有勇气，一定会飞好，请您放心。"母亲虽然面带笑容送我上车，但藏在心里的担心和不舍之情，早以使一双眼睛湿润了，只不过极力控制着不让它表现出来，怕影响我的情绪，好让我一路愉快地旅行。火车开动了，坐在车厢里，看着窗外，一排排的绿树和建筑物朝后退去，渐渐越来越快，一下子把我的思绪带回到 7 岁那年的一桩往事。

那年，我独自坐火车去奶奶家。走之前，母亲给那边的亲戚去了信，让他们派人去火车站接。但是这封信亲戚没有及时收到，没有人到火车站来接我。结果，我一下车就懵了。那时没有电话，身上钱也不多。想了想，我决定步行几十里山路，一个人摸到奶奶家去。天黑了还下着雨，我走在陌生的山路上，就这样边问边走，凭着曾经去过的一点模糊记忆，走了一天，总算摸索着找到了奶奶家。当我湿淋淋地出现在奶奶面前时，奶奶吃了一惊，她没想到我居然一个人找到她家，她更没想到母亲竟然这么放心我一个人出来。

很多年过去了，这段经历依然记忆犹新。这些难忘的经历现在看来却成了珍贵的财富。母亲说过："路是自己走出来的，不管有什么困难，都要自己去面对，永远不要指望别人。"

12岁离家独自去合肥上学，我在科大自由地成长，母亲关心我的学习和生活，但并不过多地在生活细节上给我照料。我也不感失落，我知道母亲是在让我锻炼。现在，每当我看到一大群家长守候在学校门口接孩子回家，我都会想起自己的母亲，她知道怎样放手让我独立和成长。

母亲常说："孩子总是会离妈妈越来越远的。连动物都是这样，这是自然界的规律。"是啊，孩子从一出生抱在怀里，到慢慢挣脱怀抱蹒跚学步，直到千里之外读大学…，母亲并不把我束缚在她的身边，这个渐渐远离的过程，她总是在一旁微笑着看我经历。母亲的放手，是对我的信任，当别的孩子还溺爱在母亲的怀抱里时，我却经历了许多，也渐渐长大成人。轻松平常，自在成长，我享受着这种母亲给予的"放飞的爱"。

在科大少年班里，满眼望去都是"神童"，三十多个学生里，我最小。那届少年班在全国引起了轰动，掀起了"神童"热。校园里也有记者们来来去去，他们报道着"神童"的生活和学习。放假回家，

我和母亲说起了大学校园里的见闻，也说起了见到的记者。母亲对记者的关注并不在意，她在意的是我对记者的态度。她反复告诫我，要婉言谢绝记者的来访。她说："现在你还不成熟，路长着呢！你还不是大家学习的榜样。'名声'没有什么了不起，你是个普通的孩子，并不是他们说的'神童'。你只是幸运一点，进了少年班。被记者过多报道，被别人谈论，只会给你带来压力，不利予你的成长。"

母亲很清醒，她不让我接受采访，没有为"名"和"誉"所迷惑。大学时我的曝光率很低，我悄悄地躲在了那些"神童"身后，玩着自己喜欢的游戏，就跟上中学时一样。没压力，学习变得越来越有趣，越来越轻松。"神童"也是平常人，也需要一片自由呼吸的空间。我记着母亲的话，静静地走自己该走的路。

在科大，我发现，原来山外有山，外面的世界是如此之大。人外有人，跟其他的同学比起来，我根本没有什么优势。我相信只要努力，一定会做得很好，那种在平静中默默赶超别人的自信使我受益无穷。

几十年后，当年的大学同学再聚首时，都有各自不同的职业，也不再是所谓的"神童"，但我们的教育观却惊人的一致：不要试图包办孩子的未来，重在顺其自然地引导。

还记得 20 岁硕士毕业的那年，本想继续升博士，但考虑到我已长大成人，应该分担母亲的负担了，就同母亲商量是否去工作一段时间。母亲表示支持我继续升学，经济问题，不是我考虑的事。此后我轻松地走上了一条赴美留学的道路。这回母亲又一次让我放飞了。博士毕业后，从事了科研工作。事业上的发展和取得的一些成就，这与当年母亲无私的支持和高瞻远瞩的眼光分不开的。

回国工作以后，在一次谈话中，母亲表示很满意我这些年在外取得的丰硕成果，这已超出了她对我的期望。还说："谢谢儿子，你是妈的骄傲。"随后又继续激励我："为喜欢的事业多做一些贡献。要爱国，要为国家多做一些好事，不要忘记你是中国人。"这是我长这

张亚勤和母亲

么大，母亲对我措词最长和分量最重的一次夸奖。我很感激，难以言表。

谢谢母亲，谢谢您！在四十多年的人生道路上，是您教我学习、自立、自信、自强；是您教我怎样做人；是您教我如何在航行中搏击风浪；是您的放手，让我一次又一次的高飞。

瑞士银行 (UBS) 中国区主席兼总裁，亚太区管理委员会成员以及瑞银证券 (UBS Securities) 董事长，北京市政协委员，中国对外友好协会及中美友好协会会员。

2005 年 6 月，加入瑞银集团任中国区主席兼总裁，负责协调统领瑞银集团在中国区的各项业务发展。上任伊始就担纲率领瑞银的团队并挟其资源和经验，积极参加经国务院批准并由市政府牵头的北京证券的改组工作。经过近两年艰苦努力，重组获得圆满成功。濒于破产的风险类北京证券改组成为具有国际管理标准、国内领先的瑞银证券有限责任公司。由于其卓越的贡献和出色的才能，参与重组各方一致推荐其出任瑞银证券的第一任董事长。上任近一年来，该证券公司已渐入国内的领先行列。2007 年被升任亚太管理委员会成员。

加入瑞银前，2001 年 11 月 ~2005 年 5 月出任招商局国际有限公司的董事总经理。在其任职的三年半内，公司净利润增长 2.5 倍，股票价格上升了近 4 倍。2004 年招商局国际有限公司被纳入香港恒生指数，并成为 2004 年该指数表现最好的公司之一。当年，被 CNBC 评选为"亚洲最杰出企业领袖人物"之一。

1992 年获美国宾夕法尼亚大学沃顿 (Wharton) 商学院工商管理硕士（MBA）学位之后，经过激烈竞争，成为著名的花旗（银行）集团总部全球资本市场部在 1992 年招聘的仅四名应届毕业生中唯一的华人，此后投身华尔街从事证券交易、直接投资及投资银行业务逾 7 年。同时还曾于 1995 年 ~1996 年任旅美金融协会主席。

早年在陕西任职业足球球员达 4 年（1976~1980），退役后进入北京体育大学 (1980~1984)，取得学士学位。在校期间，连续 4 年获得"三好学生"称号，并担任校学生会主席，工作表现出色，并因此获选中国全国学联副主席。毕业后于 1984 年 ~1988 年期间担任北京市学生联合会副秘书长等职。与此同时 1988 年又获得了中国政法大学法律学士学位。

我，母亲的一切

李一

人潮涌动的站台，突然发现印象中远远未有人到老年的母亲已经变得苍老，苍老得令我顿觉陌生，刹那间，我心如刀割，不能自已，但看着母亲一贯给我的那熟悉又仿佛陌生的笑脸，我还是强忍泪水，笑着与她挥别，直至她再也看不到我的那一刻，泪水才如泄闸的洪水，奔涌而出。

我终生也不会忘记20多年前和母亲在家乡火车站短暂相会又匆匆阔别的那一幕，每每念及此情此景，无论是在喧闹的都市，还是在安静的村落，我都会更加感到今日之一切的来之不易，都会更加要求自己好好为人，好好做事，以不负把一切都寄托在我身上的母亲。

母亲，风雨飘摇中走过

我的母亲刘凤仪出生在一个知名的教育世家，一本名为《刘氏三兄弟》的书还曾专门描写过她的家族。我外公刘遒俊曾在黄埔军校任教7年，外公的两个哥哥，大哥刘遒敬曾是安徽大学的教务长，二哥刘遒诚曾是武汉大学的训导长，他们均留学欧美，并获得博士学位。其中，刘遒诚还在民国年间与费孝通等5人组成考察组，被政府派到西方考察文化和教育状况，并在回国后参与编写了关于中国教育体制改革的考察报告，同时，他也是巴金的挚友。

这样的出身，在母亲刚来到这个世界的时候以及现在，都是令人羡慕的。但母亲似乎生不逢时，这样的身世带给她的并不是幸运，而是不幸。"文革"时，母亲因为受到外公的历史问题的牵连，几乎耽误了她所有大好时光。

但母亲是个坚强的人。不幸的时代改变了她的生活，却没有改变她做人做事的标准和对美好事物的追求，也没能改变她似乎与生俱来好强向上的心，当现实的条件无法让她把这一切在自己的人生里实现的时候，她将这一切都转移到她的儿子我的身上，从一点一滴做起，仿佛是雕琢作品般的，将她自己对生活、对人生的追求一丝不变地刻画到我的身上。因此，我常说，我是母亲的一块玉，而不是母亲的宝，母亲总是仿佛雕琢玉器般地，一点点地养育和塑造着我。

我，就是母亲的一切。我的一切，从出生到成长，成长到成熟，从家乡到北京，从北京到大洋彼岸，我的每一步都能找到母亲的心血和追求留下的深深烙印。

得来不易，加倍呵护

我的父母都是新中国成立后进入秦岭山脉的第一批地质队员，母亲更是当时少有的女地质队员。当年，他们满怀踏遍祖国大好河山的浪漫情怀和建设新中国的理想从江南水乡千里迢迢地来到秦岭，但不久，就体验到了生活的艰难。母亲怀我的时候，因为条件落后，工作忙，以致她都不知道自己怀孕了，还是因为到大医院治疗检查其他病的时候，才知道我就要来到这个世界。现在想来，当时，这个消息一定是令母亲既高兴万分，又紧张万分，因为在此之前，母亲已经有过三次习惯性流产。她热烈期盼我的到来，但又万分地害怕悲剧再演。

童年的李一和母亲

为了能有更好生育环境和医疗条件，父母想尽了办法。因为祖父家在上海，所以在组织安排下母亲专门从西北到上海暂住，当时还是"文革"前，国家对知识分子尊重有加，母亲的工资、待遇都得到组织的照顾。期间，母亲小心翼翼地呵护我，期待我，在采取了一系列保胎措施后，才艰难但又顺利地把我带到这个世界来。

因为工作关系，生下我才三个月时间，母亲就又回到了西北。她和父亲虽然都在地质队，但却不在一个小队里，对我的养育工作自然就全落在她一人身上。因为要抚育我，母亲已无法长期在野外工作，在组织的照顾下，她被分到地质技工学校当老师。当时，正逢"三年自然灾害"时期，粮食定量供应，母亲每个月只有24斤粮食。因为奶水少，奶质不好，为了养我，她还必须从口粮中省米下来熬粥喂养我。即使这样，也依然是严重的营养不良。为此，她又千方百计到农民家里找奶，从很少的工资中拿出很多的钱，花高价让远在上海的祖父母买些奶糕之类的食品寄到家中，专供我"享用"。

虽然母亲对我这个来之不易的孩子加倍地呵护着，但我却非常虚弱，虽然个头一天天长高了起来，但还是没能让母亲省心，甚至更加担心。我经常生病，儿科医生都是我的老朋友，就连腊月三十和正月初一的晚上都要和医生打交道。不久，更大问题又来了，因国家困难，技校奉命撤销，母亲又只得到野外地质队工作去了。这真是一段艰难的日子。为了照顾我，母亲只能带我一起到野外。我现在还依稀记得母亲和地质队的叔叔们轮流背着我翻山越岭的情景。记得那时，我们翻了一座山，又是一座山，吃饭都是随便将就了事。吃饭的情景我也印象深刻，因为个头还不如桌子高，所以我只能站着吃，要垫起脚昂起脖子伸长胳膊才能到桌子上捞点东西填到嘴里，而且，垫起脚昂起脖子伸长胳膊也没什么可捞。

这样的生活实在太过艰苦。为了我的健康成长，母亲又忍痛把我送回了上海祖父家里。去的时候，我还让母亲又胆战心惊了一次。在西安转车时，我又得了一场大病，到医院时，头皮连针都打不进去了，大夫说再晚来几个小时就没有命了。在医院住了几天以后，情况稍微有了些好转，母亲于是赶紧带着我风尘仆仆地往上海赶。到家时，老人们和左右邻居差点都认不出我们了。大家都说我和母亲，小孩瘦得像猴，大人狼狈得像"要饭的"。

我在祖父家一直"疗养"到上学前夕。当我从上海回家后，母亲为我做出了更彻底的牺牲，为了便于养育我、教育我，她申请调到了一间机关从事一般行政工作，从此，母亲永远地离开了自己追求的事业和热爱的专业。这样做的目的，只是为了我，为我争取到更稳定良好的生活条件，为了能够比较安心的教育我。为了我，母亲可以牺牲一切，放弃一切。

回到母亲身边后，母亲对我更是加倍的呵护。所以，虽然生活越来越困难，但我却变得健康起来。现在想来，母亲是把所有的营养都集中在我身上了，每到冬天她都会去买猪蹄炖黄豆给我吃，而且吃得很讲究。什么时候吃，吃多少，都被安排好好的，像命令似的，必须吃完。母亲不吃羊肉，为了我的身体，她要求父亲每月一次带我外出吃羊肉。在母亲悉心的照料下，我越来越身强体壮。到上小学的时候，已经是院子里有名的淘气孩子了，不但可以做到不被欺负，而且还常常可以行侠仗义，帮人打架。但渐渐地，爱我疼我的母亲开始变了，变得严厉起来。

"慈母" 变成了 "严母"

我懂事以后，母亲开始严格的管教我，用她所追求的完美精神来塑造我。母亲是个追求美的人，这可能源于外祖母的影响，我外祖母周若男毕业于民国时期的南京中央大学艺术系，师从于国画大师徐悲鸿先生。母亲追求美首先体现在日常生活中。印象中，我们家总是一尘不染，而且总是插有鲜花，没有鲜花，哪怕塑料花也不可少。无论在城市，还是在农村，哪怕是地质队的临时工棚，她都把家收拾装扮得那么整洁，那么充满美的气息。松潘地震期间，我心急如焚地从省城运动队爬火车回家看望父母，当时，父母已搬到竹子搭建的棚子里居住，但即使是竹棚，母亲也把它收拾得一尘不染，井然有序。一进家门，最显眼处，依然是摆放着一束干净别致的塑料花，与其他受灾家庭和我想像中该是一片混乱的家形成强烈对比。

90

李一的父母和他的儿女

　　母亲的严厉要求没少让我受累，因为淘气，我经常把衣服和鞋子弄脏，因而会受到母亲的"制裁"。比如，即使鞋上有一点泥土，母亲也不会让我走进家门，而是命令我先在门外把鞋子刷干净。在其他的一些生活细节上，如吃饭、写字、睡觉的姿势，母亲对我的要求从不懈怠。稍不留神，就会被母亲毫不留情地"纠正"。小时候不懂得母亲的用意，心里牢骚得很，现在想来，这其实是我养成良好生活习惯的开始。

　　身体好，学习好，是小时候父母对我最大的期望。身体好起来以

后，母亲便开始要求我的学习好，这时，她就更加严厉了。刚学数数时，我总是在 19 到 20 之间犯错误，为了我能数对，母亲可没少忍着心痛狠狠地打我。记得我总是一念到 19，就接着是 21 或者 31。屡屡如此。每数错一次，母亲就让我伸开手掌，打我手心一次。人生中总是有一些坎儿非常难过，一旦过了这道坎儿便可迎来一个突飞猛进的进步。20 这个数字就是我当时最大的坎儿，不知为什么，我总是记不住。为此，我不知挨了多少次打。连邻居都说，小一又挨打了。

一上学，母亲就要求考试拿 100 分。如果没有得到，回去以后，也是要严格"问责"的。

她问的办法也很有意思，比如，她会问：你知道为什么会这样吗？

我说：不知道。

她就要求我：你明天必须给我问回来，为什么会这样。

第二天结果问回来了：一个错别字，一个句号没写。

母亲告诉我说：行了，这就是你必须要记住的。

后来，我发现母亲的这种方法非常管用，因为每次答题就会检查那些被问回来的问题，所以，凡是按照这种方式学习到的东西，我都没有再犯重复的错。母亲教给我的另一个学习的办法是要做计划，要做预习。有的小孩说，这费时间，我开始也有这种想法，但因母亲要求必须这样，所以坚持了下来。后来，我发现这也是一个非常好的办法，预习的时间，哪怕是 20 分钟，都会令学习效果倍增，因为做计划，做预习可以让自己学习起来更有针对性，更有效。

课余时间，母亲十分注重培养我的阅读兴趣，以拓展我的知识面。办法也很特殊。她首先会想办法引起我对读书产生兴趣，但一旦我的兴趣起来以后，她又严格控制着的我读书过程。她经常会一次买回很多书，但从来不一次性地把那些书都给我，每次都是一本一本，循序渐进地把书给我读，而且，每读完一本还要写读后感，写了读后感以后才可以读下一本书。母亲的这个逐渐加码的办法，让我总是对读那些书充满着渴望，也让我一直对读书充满兴趣，同时，也让我把书读得更深刻。说来也巧，1980年语文高考中的作文部分正是写读后感（关于达·芬奇画蛋），也许是因为当年坚持写读后感，高考的时候，我的读后感几乎拿了满分。

随着时间的流逝，注重查找失败的原因，时刻警醒自己不要重复犯错，"预则立，不预则废"，"书要一本一本读，事要一件一件做"等等良好的习惯都融入我的血液，并被我应用到生活、学习和工作中，让我非常受益。

但在当时，母亲的这些严格教育却不是我能全部接受的，尤其是有的时候，她简直是让我不能忍受。记得有一次，当我用将近一个小时好不容易写完作业的时候，一直坐在旁边的母亲拿起我的作业本，就把我刚做好的作业撕了。

"妈，你为什么撕掉呀？"我大声责问。

"因为你写错了。"

"错在哪儿呢？"

"在这呢，第一排的第二个字。"

当我知道原来她早就知道我错了的时候，我更加有脾气了。"妈，你为什么不早说啊。"

得到的回答让我一点脾气都没有："我不能早说。那时说了，就没法撕了。我就是要在你写完最后一个字的时候撕掉。好了，重写吧。"

每到这时，我都充满了怨言，但没有办法，只有硬着头皮写下去。另一个让我一时难以习惯的是，母亲不但要求我好好学习，而且要求我好好休息。比如，睡觉时间也都控制得严格。说8点钟睡觉，就要8点钟睡觉，作业没有做完也要睡。因为她说："这就证明你今天没有好好安排，下次注意。"这样做的后果是，以后一下课，我首先想到的就是要先把作业做好。

"小一，把这团毛线在吃饭前给理理顺。""小一，把这件棉袄、棉裤给拆了。"强制我做一些我认为该是女孩子做的活儿，或者该是大人做的活儿，是小时候我对母亲的又一大不满。但她也是"不近人情"，坚持己见，常常让我在规定时间，规定地点，必须完成规定任务，完成不了，就要挨"批斗"。严厉程度超出一般人的想像。有时，家属院的邻居们都有些看不下去，善意劝阻母亲，得到这个孩子不容易，何必这么严厉？母亲笑着接受批评，但她并不准备改变。

这种要求和锻炼，让我"成熟"得很快。记得我9岁的时候，母亲生了一场大病，父亲工作在外，照顾她的重担落在我的身上。她躺在床上下达"命令"，我按指挥一一执行。印象中，我的任务完成得出色，深得肯定。一天，母亲让我去买苹果、橘子汁和文具回家。我步行很远，分别买了苹果，橘子汁之后，来到文具店却发现钱不够了，让母亲后来很自豪的是，9岁的我已经懂得跑到苹果店去退掉一个苹果拿回钱，然后买文具了。

在母亲的坚持下，我的学习很好，而且也参加了许多课外活动，如校乐队指挥、合唱团领唱及学校里多项运动队队员，邻居也纷纷表扬我。每到这时，母亲都说，"我的孩子没啥，一是学习好，二是身体好。"她极力说得平淡，但连我那么一颗不懂世事的心也知道，那是母亲在表扬我呢。

"身体好，学习好"是父母对我最大的期待，在他们的努力下，这个期待变成了现实，这当然令母亲自豪。在那个动荡岁月，我就是他们唯一的寄托，能让我健康成长和进步，也是他们唯一的成就和自豪所在。在那个自我理想被活埋时代，孩子对于自己的意义，可能永远不是我们如今这些为人父母的所能体会到的。

母亲送我的针线盒

我念书没多久，"文革"就爆发了，全家被下放到农村，一呆就是四、五年。为了我的前途，父母决定把我送到省少儿体校，期望我通过成为运动员改变命运，脱离农村。为了确保我从此不再回到农村，母亲还四处求人，给我安排了一条后路，如果成不了运动员，就到附近乡镇的一个电厂做工。现在，这个发电厂还在。记得一次，母亲指着电厂对我儿子说，"你爸爸当年如果当不了运动员，就到这里上班了。"这时，想想几十年的历程，真是百感交集。

到了体校后，我很快就适应了少小离家的生活，并且越走越远。这也要感谢母亲给我的锻炼。临行前，母亲专门送了一个针线盒给我，

从左至右：母亲、李一、父亲

要我生活自理。我也算是听话的孩子，在学校和运动队期间，我从没像一些队友那样带回过一床被子，一件衣服，一双鞋让父母拆洗、缝补。

那时，我才14岁左右的年纪，但已经一切都能自理，拆、缝、洗、补都是我的擅长。而且，我不但能够生活自理，还常常能够自力更生。当时，运动队给我们发鞋，但我运动量大，不够穿，为了不让家里拿钱买，我能自己补鞋。鞋穿坏了，我把坏了的足球破开，自己带着顶针补鞋。纳鞋是要有蜡线的，队里找不到，我就"自己动手，丰衣足食"，用三根棉线沾点蜡，自己搓蜡线。母亲到学校来，看见我做这一切的时候，她默默地流下了眼泪。她觉得自己的孩子真不容易，她也觉得自己的孩子很争气。

经过几年拼搏，我顺利从体校脱颖而出，成为陕西足球队的队员。后来，国家恢复高考，我考上了北京体育大学，并且在这里当选为全国学联副主席。再后来，我被分配到北京市学联工作，并担任副秘书长，后又考进中国政法大学攻读了法律学士学位。一路上，母亲的针线盒始终伴随着我，母亲的自立精神也始终伴随着

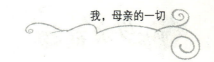

我。国家实施改革开放政策以后，我又有幸前往美国沃顿商学院继续学习，踏上美国土地的时候，我的行囊里，也是装着母亲的针线盒。

有时候想想，一个10来岁的孩子就要独立面对和处理生活中的一切，是有些严厉过头了。但我万分感谢母亲这种严厉过头的教育，它真是让我终生受益。

现在，我经常一天之间往来数个城市，工作忙起来的时候，也常常是有上顿无下顿，但却并不觉得多么地辛苦。我想，这与我小时候的这段经历是大有相关的。母亲常常问我苦不苦，我都是回答，不苦，比和您一起翻秦岭，比起运动队，轻松多了。母亲听了，都是呵呵笑。笑里有自豪，也有辛酸。自豪的是，她终于把我苦出来了，苦成人了。辛酸的是，这些年，虽然我事业小有成就，但她看着我的操劳和奔波，还是心疼有加。

井井有条，事半功倍

母亲是一个周密细致的人。她做事认真，不含糊，有始有终。一件事，什么时候做，做到什么程度，过程中要注意哪些问题，都是一板一眼，密而不疏。为了拓展我的知识面，母亲在我很小的时候就专门订阅和购买各种她所能订阅和购买到的刊物和书籍，我要读这些书可不容易，记得每次买回书，她都会要求我分类整理、编码、登记，然后再一本一本地读。直到现在，我还有好几大箱书放在家里，整齐地一一编码排列着。不光是我的书，印象中，我家里的东西，也都是

被母亲分门别类地收拾得井井有条。家里所有的东西，母亲都专门用一个本登记着，大木箱里装有夏天的白色衬衫三件，红箱子里有冬天的红色外衣两件等等，都记得一清二楚。所以，我们家的东西都很简单。如果有盗贼要行窃，只要拿到母亲的单子，就可以一目了然地照单全收了。

做事情很系统，有计划，有条理也是母亲的特点。即使我现在偶回家几天时间，她都会专门列出日程和事务安排。今天做什么？上午做什么？下午做什么？什么是要儿子从香港带来的？什么是自己要送给孙子的？先做什么？后做什么？重点是什么？要注意什么？一、二、三、四，一条一条，清清楚楚。父母如果要出去旅游，母亲也都会给我一张纸，上面清楚地写明，房子钥匙给谁了，存折在哪里，出了事情以后要找谁，联系电话多少等等，都被安排得严谨有条。母亲的这种思路和办法，也带给我改变人生观的重大影响。国家恢复高考后，没有读过高中的我决定报名参加高考，而且考上了，母亲的这个办法就帮了大忙。

当时，我按照母亲的思路，将自己要考的科目、要找的辅导老师，要补课程和内容等等都一一罗列，并且制订出首先补什么，其次补什么，重点补什么等等很多办法和目标，然后对症下药，一一落实，到考试时我已是胸有成竹了。

曾经，看着母亲的认真细致，我还开玩笑说，妈，你累不累啊？她一本正经地说，看起来累，但你会越来越不累。母亲说得太对了。读了MBA，进入商界之后，我经常看到很多关于目标管理，过程控制等等方面的理论和案例，每次看到这些，我都会有点自大的暗自发

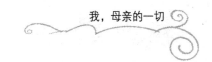

笑，这不就是我母亲那些"越来越不累"的办法吗？这不是我从小就学会的本领吗？

追求卓越，德心抒怀

我能取得今日的这点成绩，不但得益于母亲的言教，更得益于母亲的身教。尤其是她严谨周密的行为作风和追求与众不同，用今天的话说是追求卓越的精神，以及她给我的仿佛我天生就该做些不平凡事的自信和使命感，带给了我很大的影响。

母亲不改本色、好强向上的精神则是她留给我的，推动我不断前进的性格基础。母亲是个不改本色而且要强的人，即使环境再差，她也是"本性难移"。比如，前面提到的她对美的追求，即使"文革"的风吹雨打中，也是坚持不变。

那个时候，父母经常挨批斗，记得一位小伙伴的父母，一经"文革"，整个家都垮了似的，狼狈不堪，连基本卫生都没有了，但我们家却"马照跑，舞照跳"。几乎隔一段时间，只要有空，母亲就会带我"外出观光"。每年，母亲都会带我们到公园照相，每张照片都按她的作风，一一在背后注明，这是什么时候，在什么地方照的。在那个时候，是鲜少有人像她这样"闲庭信步"的。衷心感激父母的坚强，虽然他们在我成长的过程中受了不少苦难，但他们并没有表现出多么的痛苦和不堪，也正是他们的坚强，给了我一个比较阳光的成长历程和心态，让我至今依然能够保持有一颗阳光的心，依然对这个世界保持一种最积极的姿态。

从左至右：李一、母亲、父亲

　　母亲有一颗好强向上的心，她总在平凡中追求着一种不平凡。我一出生，母亲就将这种追求不平凡的精神烙印在我身上。至今，仍时常有人问我为什么叫李一，事实上，像我这样以数字为名的人也确实不多。这也是母亲的心血和期盼。母亲为我取名第一，一是因为一代表最基础，最原始，道家讲，道生一，一生二，二生三，三生万物。最主要的，还是母亲希望我能成为第一，无论是做事还是做人，都能努力做到最好。当然，对于母亲来讲，我也是她的唯一。

　　在我印象中，母亲始终是个希望自己能够与众不同的人，她总是希望自己能够做些不平凡的事情，用今天的话说，她非常追求卓越。当时的年代，他们这种政治出身的人，实在是很难追求卓越的，但母亲不放过任何可以让自己，可以让我脱颖而出的机会。在西北大院的时候，院子里流行做大立柜，所有邻居家的柜子都是一个颜色，而我母亲则坚持要用另外一种颜色，我至今记得当别人称赞说"哟，刘工，你们家的柜子不错啊"时，母亲脸上流露出的那种喜悦和自豪感。

我小的时候，非常流行穿海魂衫。我的同学们都是穿横条的，但我母亲坚决地到唯一一个卖竖条海魂衫的店里，给我买了一件竖条的。虽然我一开始坚决不要，但还是执拗不过。"它是不是衣服？""它是不是男孩穿的衣服？"几个问题下来，我就被母亲说服了，即使心里不服，道理也短了。让我难忘的是，母亲的办法竟然为我赢得了喝彩。当我忐忑不安的穿着竖条海魂衫走进课堂后，同学们大加捧场："哟，小一，你这个挺好看啊。"一听，心里美坏了，也暗自佩服起母亲的与众不同来。

自信，责任，"这是你应该做的"

母亲对我的表扬也与众不同。当我获得了什么奖励和荣誉的时候，她从来不会很开怀的大加赞赏，而总是用一种比较轻描淡写的口气说，"这是你应该的"。而当我没有获得的时候，却要问我这是为什么。仿佛我天生就该干那些事情，就该比一般人做更多更好似的。但这并不代表她不肯定我的进步，不为我的进步高兴。前往美国留学

前，母亲给我看了一样东西，是我从小到大的所有荣誉和奖章。五好生、三好生、优秀队员，以及各种运动会奖章等等，她全都细心收藏在那里。后来，我才明白，母亲的这一句"这是你应该的"，真是母亲对我最大的鼓励，比表扬更好地鼓励。她的意思就是，你天生就该干那些事情，她要给你的，就是那种你本来就与众不同，本来就应该更出色，本来就应该承担更多的感觉。

这种感觉，就是自信；这种感觉，就是责任；这种感觉，让我在面对一个个人生抉择和难题的时候，敢于迎上前去说，"这就是我应该做的"。也是这种感觉，促使我跨过人生的一道道的坎儿走到了今天，也多了一份从容和坚定。

后来，我进省足球队，顺利考上大学，担任全国学联副主席，出国留学考入沃顿商学院，在花旗工作，回到招商局，直到现在在瑞银，也都取得了还算不错的成绩，媒体也时常有一些对我的夸奖和赞许，但我一直没有觉得自己有多么的出色或了不起，也没有因此而飘飘然，变得不再勤奋和踏实。相反，我总是觉得自己还可以多干点，还可以干得更好，也因此，我才能不断地前进，为自己，为家庭，也为集体和社会，尽到一份更多的责任。这，也都得感谢母亲从小就教育我，"这是你应该做的"。

母亲带给我的，是我这个搞金融和企业管理的人永远无法表达好的、表达完的。母亲的恩，也是我这个常年奔波在路上的人所不能报答的。提笔写母亲，对我们这种人来说，除了在回首往事中表达对母亲的感激之外，更多的，是内心对母亲的歉疚，想到此，许多往事也涌上心头，让心生出许多辛酸。

思念母亲，思念祖国

"文革"时，母亲要被带到外地农场劳动，"接受改造"，一大清早，接她的车便到了屋外，我躺在床上醒着，闭着眼睛听着一切。分别之际，母亲应该是想亲一亲我的，但也许是担心惊醒我，惹哭我，她收拾好东西就直接出了房门，可没走几步，她还是回头来亲我了。她轻轻地抱了抱我，亲了亲我，然后又快速地离开了。我清醒地经历着这一切，心里难过得紧，但不知为什么，我竟然强忍着装成熟睡的样子度过了那艰难的几分钟，直到听见父亲把母亲送了上车，听到车已经启动，我才放声大哭。

当时，我才8，9岁的样子，小小的我为什么会那样做？大概，这也受母亲的影响。母亲的流泪，也是我印象深刻的事。在我印象中，母亲很少哭过，即使哭，也从来没有放声哭过，而且连眼泪流出眼眶的时间都很少，遇到不能自已的时候，她总是强忍泪水，让泪水在眼眶里转，生怕让人知道她的难过。

另一件事就是一开始提到的那一幕，那是我在北京学联工作的时候，一次，我组织学生从北京到四川成都交流，因为坐火车要途经西安，而我又与父母许久未有见面了，所以我原计划在完成任务返回北京的途中请假在西安停留两天和父母团聚。但当我提出这个想法之后，母亲却要求我不要这样做，她说："作为团队负责人，你一定要把学生安全带回北京，善始善终，这是你的责任。"最后，我决定听取母亲的意见，"过家门而不入"，改为和父母在火车过站停车的时

献给母亲的礼物

从左至右：女儿、妻子、母亲、儿子、李一、父亲

候，匆匆见上一面。当我们匆匆相见又要急忙告别的时候，我突然发现印象中远远未有人到老年的母亲已经变得苍老，苍老得令我顿觉陌生，刹那间，真是心如刀割。而后来，我出国留学，一走就是12年，

再见到父母已经是 7 年后我把他们接到了美国。在前 7 年里，只能通信往来，又让母亲在思念中度日如年好几年。

在大洋彼岸的日日夜夜里，心中时常策生无尽的思念。其中有对母亲的爱恋，也有对故土的怅惘。长久的思念中，对母亲和对祖国的感情好像渐渐地合成了一体。

值得欣慰的是，世纪轮换的时候，我选择了重新回到祖国的怀抱。我这个曾经的游子，又再度回到了母亲身边，再度拥有了母亲无尽的爱和力量。正是这种爱这种力量时时刻刻激励着我兢兢业业，毫不懈怠地对母亲和祖国做出回报，因为母亲的教导"小一，你是我的儿子，你更应是一个对祖国有所贡献的人"将一生牢记在我的心中。

光阴荏苒，征途漫漫，报效祖国，报答母亲，永远是我这个曾经的游子，无尽的心愿。

　　2005 年 7 月 20 日加入 Google 公司，担任 Google 全球副总裁兼大中华区总裁，负责 Google 大中华区运营工作。

　　加盟 Google 之前，在微软公司担任全球副总裁。在微软期间，曾创办世界瞩目的研究实验室微软中国研究院（现为微软亚洲研究院），并任首任院长。此前，还曾担任 SGI 公司副总裁兼总经理，负责互联网和多媒体软件业务。曾在苹果电脑公司工作 6 年，担任主管互动媒体业务的副总裁。在加入苹果公司之前，是卡内基梅隆大学的助教，开发出了世界上第一个"非特定人连续语音识别"系统。在校期间还开发了"奥赛罗"人机对弈系统，因为 1988 年击败了人类的国际奥赛罗棋世界冠军而闻名。

　　在语音识别、人工智能、三维图形及网络多媒体等领域享有很高的声誉。曾开发出世界上第一个"非特定人连续语音识别系统"，并被《商业周刊》1988 年授予"最重要科学创新奖"。同时还是美国电气电子工程师协会（IEEE）的院士。毕业于卡内基梅隆大学，获计算机学博士学位，并曾以最高荣誉（summa cum laude）毕业于哥伦比亚大学，获计算机学士学位。

儿子是母亲最甜蜜的牵挂

李开复

三月的台北，微风中带着丝丝春意。但我家那栋小房子里，却几乎闹翻了天。全家人都显得十分紧张，因为母亲在 42 岁高龄孕育了我，大家都担心高龄生产不安全。

母亲的好朋友劝她："不要冒险，还是拿掉吧。"

又有人说："生出来的宝宝可能会身体弱。"

还有人说："科学界研究过，高龄孕育的宝宝，低能的几率要大一些。"

母亲却非常自信地说："我的孩子个个都健康、聪明！"

有了母亲这句信心十足的话，我终于可以平安地降临到这个世界上。母亲的自信和勇气给了我最可宝贵的礼物——我的生命。

坚定、果敢的母亲

我的母亲王雅清是辽北人，生于一个务农的家庭，幼时事亲极孝。我的外祖父是当地人人皆知的"王善人"。为躲避日军侵略，母亲十二岁就从东北离家，随东北人成立的流亡中学漂泊异乡。离家前，我的外婆、外公对她说："你是王家的希望。"带着家人的嘱托，母亲在南国开始了自己的求学之路，并最终以优异成绩毕业于上海体专。

在性格上，母亲开朗、爽直，继承了北国儿女率真、热情的特点。这与父亲谨言慎行的风格形成了鲜明的对照。事实上，母亲的爽朗、干练和明快很好地补足了父亲在性格上优柔、细致的一面。因此，无论在生活上还是在事业上，母亲都为父亲提供了最为有力的支持。

大陆解放时，父亲随国民党政府先行来台，留下母亲和年幼的五个孩子（我的大哥和四个姐姐）。因为父亲在国民党政府中供职，母亲在大陆受到反复盘查，连家里的客厅都被挖出了一个大洞。那一段日子可谓度日如年。

最终，经过反复思量，母亲毅然决定带着五个儿女离川赴台。然而，在那个年代，一路上要突破各种检查、关卡谈何容易。当时，母亲让我的哥哥、姐姐沿路变卖家产，筹措路费。为避人耳目，先是佯装要回东北老家，然后再辗转来到广州，等机会偷渡到香港。进入广州时，母亲让我哥哥把变卖家产得到的钱藏在手电筒里焊死。没想到，登船前，一个警察拿起手电筒却发现怎么也打不开。这时，母亲灵机一动，掐了一下怀中的小女儿。孩子的哭声分散了警察的注意力，这才让我们全家逃过一劫。

一路艰辛，经历了各种险阻和磨难，1950年底，一家人终于在台湾团聚。这全靠了母亲的智慧、勇敢、果决和坚定。在当时的那个时代里，妻离子散，被海峡隔绝的家庭数不胜数。而我们一家九口，却能在台湾共享天伦之乐，这真的要深深地感谢母亲才是。

童心未泯的母亲

我从小就是一个特别顽皮的孩子。但和许多母亲严厉管教的做法相反，妈妈不但容忍我的调皮，而且还特别疼爱我这个父母的老来子。

　　比如，我从小就特喜欢模仿别人，模仿父亲的四川话，模仿他踱方步，还模仿电视里人物讲话的腔调。每天二姐回家时，我总缠着她陪我玩官兵与强盗的游戏。而且，我永远是官兵，她永远是被我打死的强盗。每次为了给我理发，妈妈会带着三姐到理发店，借用店里的剪刀、刮胡刀、毛巾，演"布袋戏"给我看，因为只有这样才能让我坐定半个小时，把头发理完。我做这些调皮事的时候，母亲总是微笑地看着我。

　　在学校上课时，我总爱动来动去，话也特别多。有一次，我竟然被忍无可忍的老师用胶带贴住了嘴，而那时，母亲正好赶来接我，撞了个正着，好尴尬！还有一次，我为了能晚睡一个钟头，偷偷把全家的钟表都调慢了一个小时，结果，第二天母亲起床迟到了。但当她发现是我的恶作剧后，不但没有惩罚我，还觉得非常有趣。

　　有一个暑假，我写了一本武侠小说，里面的人物全是我的家人，我还把小说录音做成了"广播剧"，并用刀叉配音。此外，我还拍了一本相册，里面是我和我的外甥装扮（有些还是反串的呢）的妈妈最不喜欢的演员、球员、广告角色等等。可这本相册缺了一个封面。既然都是妈妈不喜欢的东西，我就想拍一张妈妈生气时的照片。为此，有一天我把电梯按住，让妈妈等了十分钟，然后我在电梯的另一端准备好相机捕捉"生气的瞬间"。至今，我的武侠小说和相册还被妈妈放在床边。我想，只有像我母亲那样拥有一颗年轻的心，才会容忍甚至欣赏孩子的调皮、淘气吧。

　　想来也是，我的调皮应该是遗传自我的母亲。我父亲不苟言笑，但母亲却常常和我们"打成一片"。有一次，哥哥和母亲两个人玩水

童年的李开复和母亲

战，弄得全家都是水。最后，母亲躲在楼上，看到楼下哥哥走过，就把一盆水全倒在他头上。

小时候，邻居夸口说，他的水池里养了一百条鱼，我们全家都不相信。后来，几个孩子在邻居不在家的时候，决定去把邻居的水池放干，数一数到底有几条鱼。经我们证实，水池里其实只有五十多条鱼。但经过这样的折腾，邻居的鱼死了不少。气急败坏的邻居到我们家抗议，妈妈却一面道歉，一面偷笑，因为"数鱼工程"就是她亲手策划并带着孩子做的。

和这样的母亲在一起，我们每个孩子都没有什么距离感。这么多年来，母亲一直和我们"打成一片"，我们和母亲的感情也很深很深。

让孩子成为自己的主人

当然，母亲的宽容和"顽皮"也不是没有条件的。凡事一旦和我的成长、我的未来相关，母亲就会特别重视，也会对我提出非常高的要求。她总是要求我，只要做一件事，就一定要做到最好——在这方面，没有通融的余地。

我在同龄人中，学东西算是很快的，当其他同龄的孩子还躺在父母怀抱里时，我已经会背"九九乘法表"和古诗词了——这主要收益于母亲的教诲。

小时候一直渴望长大。突然有那么一天，母亲告诉我："明天送你去幼儿园。"我兴奋地在床上蹦跳着，仿佛自己一入学就是大人了。刚去幼儿园的几天，一切都是新鲜的，连糖果都比家里的好吃，还有这么多同学一起玩儿。但好日子没过多久我就腻了，在幼儿园里每天都要重复做同样的事。吃点心，唱儿歌，每天花一两个小时足够了，但一整天下来几乎都是在吃呀唱呀，连梦里都是听腻的儿歌。我跑回家，跟家里人说："我不上幼儿园了行不行，我要上小学。"

母亲问我："怎么了，幼儿园里不好么？"

"太无聊了，整天都是唱歌吃东西，老师教的东西也太简单了。"我一股脑地倾诉着。

"你才五岁，再读一年幼儿园就可以读小学了。"

"让我尝试一下好吗？下个月私立小学有入学考试。如果我的能力不够，我就没法通过小学的入学考试；可如果我通过了考试，就表明我有这样的能力，那你们就应该让我去读小学。"

这句话真管用，母亲确信我不是一时冲动。她笑着说：

"好吧，我明天去学校问问。"

小学入学试题对我来说易如反掌，我轻松地考完回家了。放榜那天，母亲陪我去学校，一下子就看到"李开复"三个字在第一名的位置闪亮。母亲激动地像个孩子一样地叫起来："哎呀，第一个就是李开复，你考上了！"

我也激动地跳起来，抱住母亲哇哇大叫。

那一刻，母亲脸上掩饰不住的兴奋和自豪即便是过了几十年我也不会忘记。从母亲的表情中我才知道，自己一丁点的小成功可以让母亲那么的骄傲。同时，这件事也让我懂得，只要大胆尝试，积极进取，就有机会得到我期望中的成功。感谢母亲给了我机会，去实现我人生中的第一次尝试和跨越。

在中国，父母对孩子的关爱特别深，生怕孩子受一点伤害，不愿让孩子冒险尝试与众不同的东西。其实，在新的世纪里，人拥有更多的选择。孩子从小就需要独立性、责任心、选择能力和判断力。很庆幸的是，远在四十年前，我父母就把选择权交给了我，让我成为了自己的主人。

善用"机会教育"

中国人总是把"听话"当作一个孩子的优点。但是母亲不仅仅希望我"听话"，更希望我"讲理"。所以母亲总是用"机会教育"来

让我理解怎么做人。

考入小学后，我不免觉得挺骄傲的。每次父母亲有朋友来家里，我都要偷偷告诉他们我有多聪明、多厉害。

"阿姨，我已经读小学了！"

"真的，你不是才5岁吗？"

"对啊，我跳级考进去的，还是第一名呢！"

"那进去以后的成绩呢？"

"除了100分，我连99分都没见过呢！"

没想到，我刚夸下海口，第二个星期考试就得了个90分，而且跌出了前五名。看到我的成绩单，妈妈二话不说，拿出了竹板，把我打了一顿。

我哭着说："我的成绩还不错，为什么要打我？"

"打你是因为你骄傲。你说'连99分都没见过'，那你就给我每次考100分看看！"

"我知道错了。以后我会好好学习的。"

"不止要好好学习，还要改掉骄傲的毛病。别人出自真心夸奖你，才值得你高兴。自夸是要不得的。谦虚是中国人的美德。懂了吗？"

"知道了。妈妈还生气吗？"

"不生了，要不要躺在我怀里看书？"

妈妈的气总是来得快，去得也快。我想，她这么爱她的孩子，是没有办法长时间生孩子们的气的。当然，这一次的处罚我也会永远记得，"谦虚是中国人的美德"。类似地，母亲总是抓住每一个"机会教育"的时机，并尽量用正面的例子，让我懂得做人的道理。

现在回想起来，我小时候最喜欢的事情就是躺在母亲怀里读书。那时候，如果有人问我最怕谁，我会马上回答"最怕妈妈"；但如果有人问我最爱谁，我也会毫不犹豫地回答"最爱妈妈"。正是这样一位严厉而又慈爱的母亲教会了我什么是严谨和务实，什么是品行和礼仪，什么是快乐和温馨，什么是忠孝和诚信。

期望最高，教诲最深

母亲坚信我是个最聪明的孩子，所以对我期望最高，管教也最严。母亲的视线里永远都有我这个儿子，而且，她在我身上使用的是一种非常标准的中国式教育——要求儿子把每一件事情都做到最好的程度。

在功课方面，母亲每天都会过问我的情况，并亲自教导我。早晨五点，母亲就会把我叫醒，送我上学，下午放学后又会亲自到学校接我。

李开复和母亲

不用功时，母亲会生气地把课本丢到门外；退步时，母亲可能会打我一顿；进步时，母亲则会给我奖励。我知道母亲在我身上倾注了大量的心血，我也会努力读书争取考高分。每次公布成绩，都是我最得意的时刻，我会手里举着试卷一路小跑回家，第一个告诉母亲我取得的好成绩。记得小时候，有一次考了第一名，母亲带我出去给我买礼物。我看上了一套《福尔摩斯全集》。但是母亲说："书不算是礼物。你要买多少书，只要是中外名著，随时都可以买。"结果，她不但买了书，还另买了一只手表作为礼物送给我。从那时起，我就整天读书，一年至少要看两三百本书。当时，看了《双城记》、《基督山恩仇记》一类的西方文学，也读了《三国演义》、《水浒传》一类的中国古典文学，但对我影响最大的还是名人传记。我记得最清楚的是《海伦·凯勒传》和《爱迪生传》。海伦·凯勒虽然失明、失聪但是依然进入一流大学的经历对我未来性格中坚韧和勇气的形成有很大的影响。而爱迪生的发明改变了人类的生活，这让我向往成为一位科学家。感谢母亲的支持，我才能在小小年纪就看了这么多本书，并养成了终身读书的习惯。

在学校我功课虽然不错，但也不是每次都能考高分的。有次我考得并不好，揣着考卷心里很害怕。我甚至能看见母亲举起竹板打我的样子。突然，一个念头蹦了出来：为什么不把分数改掉呢？说改就改，我掏出红笔，小心翼翼地描了几下，"78"变成了"98"，看不出任何破绽。我心中欢喜起来，但回家的路上仍忐忑不安。到家门口，我又掏出卷子来看了一下，确保万无一失，才轻手轻脚地走进去。

母亲注意到我回来了，叫住我："试卷发下来了么？多少分？"

"98。"我拿出考卷。

母亲接过卷子，我心里"扑腾扑腾"地跳起来，生怕母亲看出了修改的痕迹。但她只是摸了下我的脑袋说："快去做作业吧。"

这种事情有了第一次就会有第二次。当我再次拿起笔去描考砸了的试卷时，手一哆嗦，分数被我拖了一个长长的尾巴。这下糟了。在回家的路上，我越想越害怕。我欺骗了母亲，这是她绝对不能容忍的。我恨不得马上跟母亲去认错。在放学的路上，我心一横，把试卷扔到了水沟里。

但回家后，母亲并没有急于问起分数。在提心吊胆了几天之后，我终于憋不住了，跑到母亲面前，向她承认了错误。我以为母亲一定会狠狠打我一顿，但母亲只说了一句话："知道错就好了。希望以后你做个诚实的孩子。"

母亲的宽容和教诲我直到今天都记忆犹新。是母亲的言传身教让我懂得了做人的道理，让我知道了"诚实"、"诚信"这些字眼儿对一个人的一生来说有多么重要。

送爱子赴美深造

我10岁的时候，远在美国的大哥回家探亲。吃饭时，我听到大哥在跟母亲抱怨，怪台湾的教育太严了，小孩子们的灵气越来越少。母亲叹了口气说："唉，为了高考，我们有什么办法呢？"

看到我整天被试卷和成绩单包围着，承受着升学的压力，没有时

间出去玩，也没有朋友，大哥忍不住说："这样下去，考上大学也没用。不如跟我到美国去吧。"

母亲从没去过美国，她接受的是中国传统的教育，但却出人意料地保留了一份开明的天性。听了大哥的建议，她决定给儿子一片自由的天地。那天，母亲把手放在我头上，对我说："美国是一个伟大的国家，很多了不起的人都出在那里。你就到那里去吧。"

在父母的期待和鼓励下，11岁的我来到了美国南方田纳西州的一个小城市。在这个只有两万人的小城市里，来自中国的小学生只有我一个。哥哥送我去了附近的一所天主教小学。第一天入学，我就蒙了。虽然之前也学了不少英文，但我还是听不懂老师和同学们在说什么。母亲一直很担心我能否跟上进度。

李开复母亲八十大寿在台湾

还好我还不是完全的哑巴。有一次在数学课上，老师问 1/7 换成小数是多少。我虽然不太听得懂英语，但还认得黑板上的 1/7，这是我以前背过的。于是我高高举起手，朗声回答：0.142857142857……当时，同学们都瞪大了眼睛，从不让学生们"背书"的美国老师也惊呆了，几乎认为我是"数学天才"。虽然我并不是数学天才，但是，当时年纪小，还是感觉很得意。回家后，我开心地告诉母亲今天在课堂上的表现，母亲显然比我还兴奋。因为我终于开始一点点地适应这里的生活了。

母亲一直不懂英语，但她每年都会花 6 个月时间在美国陪我读书。多亏有母亲在我身边。每天她看着我去上学，为我准备好吃的点心和晚餐，放学后和我聊学校里的事情。这种陪读生活延续了整整 7 年。在每年陪读的 6 个月里，母亲要默默忍受语言不通、文化迥异的生活环境；而在她返回台湾，与我分别的 6 个月里，她同样会为我的学业操心。

为了感谢母亲，在她 60 岁生日时，我画了一张卡片给她，卡片上写了一首感谢母亲的诗，还画了一束康乃馨。这张卡片，她至今仍放在床头。

"别忘了你是中国人"

我在美国的第一年，母亲陪读 6 个月后，台湾那边，家里人开始催母亲回去了。母亲虽然放心不下我，但还是牵挂着家里的事务没人料理，只好把我托付给哥哥嫂嫂。临走前的几天，母亲一直在叮嘱

我，回家记得做作业，背英文，听哥哥嫂嫂的话……上飞机前，她又郑重地对我说：

"我还要交代你两件事情。第一件就是不可以娶美国太太。"

"拜托，我才 12 岁。"

"我知道，美国的孩子都很早熟，很早就开始约会，所以要早点告诉你。不是说美国人不好，只是美国人和我们的生活习惯和文化都不一样。而且，我希望你做个自豪的中国人，也希望你的后代都是自豪的中国人，身体里流的是 100% 炎黄子孙的血。"

"好的，好的。飞机要起飞了。"

母亲拉住我的手说："第二件事，每个星期写封信回家。"

没想到第二件事情这么简单。我爽快地答应了。

"你要记得我说过的话，好好读书，听哥哥嫂嫂的话啊，过几个月我就回来了。"

母亲放开我的手，转身走了。现在想起来，在那一刹那，她该是下了多大的决心，才离开了自己最爱的儿子啊。虽然只是一次转身，但难以割舍的母子之情只有母亲心里最清楚。

母亲走后，我突然发现自己一下子变得特别特别想念台湾。我想起了小时候家里 7 个孩子热闹的情景，还有盛夏的台北走街穿巷的小贩推着车子叫卖着冰激凌和煎饼的声音。我更怀念母亲，常常想到我最喜欢的事情——躺在她的怀里看书。

我不好意思跟哥哥说我想家，我只能努力去学习英文。在美国的第一年，我英语不好，老师不但不嫌我，还利用午餐的时间教我说英语。后来，老师发现我这个听不懂英文的中国孩子有良好的数学天

120

赋，就鼓励我参加田纳西州的数学比赛，结果我得了第一名。我在美国接触到的教育方式以表扬和鼓励为主，这让我信心十足，在我幼小的心灵里播下了自信和果敢的种子。凭借着自信和勇气，我很快克服了语言障碍。两年后，在一次州级写作比赛中，我居然获得了一等奖，当地的老师十分惊讶——这个刚适应美国生活的中国学生居然还有人文方面的天赋。

我每周都写信把自己在学习上取得的进步告诉母亲，而且每封信都是用中文写的——因为这是我答应母亲一定要做到的事。

人们都说小孩子最容易掌握一种语言也最容易忘掉一种语言。而我在学习英语的同时，中文始终没有落下。我不得不感谢母亲的叮嘱——如果不是在那些年里每星期给母亲写一封中文家书，也许童年时所学的汉字早被 ABC 侵蚀了。

即使母亲不在身边，她依然关心我的学习和进步。每星期寄回去的家书，她都会一个字一个字地看，帮我找出错别字，并在回信中把错别字罗列出来。母亲的认真劲儿深深地感染了我，每次写信时我都要求自己认真一些，少写错别字。而且我会到处去找中文的书籍来读，以免让我的中文平永远逗留在小学文化程度。

后来，我终于明白，母亲临走时叮嘱我的两件事不单是简单地希望我娶中国的妻子，会中国的语言，更蕴含着一种浓浓的家国梦，深深的中国情。母亲用各种教育方式，潜移默化地将中国的文化和中国的思维方式根植在我身上。由于母亲的影响，无论我身在何处，我都会关心中国正在发生的一切，无论我工作有多么忙，我都会抽出时间帮助中国的青年学生——因为那里有整个家族传承下来的信仰和光

荣，因为母亲不止一次提醒我说：

"别忘了你是中国人。"

儿子是母亲最甜蜜的牵挂

有人说：子女是父母最甜蜜的牵挂。对此，我以前还不大理解。当我有了孩子后，我真的体会到了这一点，也因此而特别怀念那一段母亲把我揽在怀里的岁月。其实，每个人不管年纪有多大，他始终是母亲的孩子。无论我自己在事业上取得了什么样的成就，在母亲眼里，我还是她的幺子，还是让她魂牵梦系的牵挂。

2006年与马英九对话后献花给母亲

1989年的一天深夜，我在美国突然接到母亲的电话，她问我大地震对我有没有影响？我对她说："地震发生在加州，我住在宾州，那是几千里之外呢！"妈妈并不知道美国到底有多大，但一看到大地震的新闻，她第一个想起的就是远在美国的儿子。

2005年，当我离开微软加盟Google时，微软公司决定起诉我，我知道我有麻烦了。深夜里，我佯装镇定打电话给母亲。在电话那一头，她坚定地告诉我："一切都会没事的。不管你做出什么样的选择，我都是站在你这边，你永远都是最棒的。"

隔着太平洋，我强忍住感动的泪水，没有在电话中失声。但放下电话后，我就再也忍不住了。我无比感动并深深地自责：感动的是母亲对我的真诚支持，自责的是我还需要母亲为我的工作操心。

其实，除了我之外，对她的另外6个孩子，还有十几个孙辈，母亲的慈爱之情一样厚重。无论是哪一个孩子的问题，无论是工作、婚姻还是健康方面的问题，年迈的母亲总是牵挂在心头。但我相信，她的儿子女儿、孙子孙女们给她带来的欢乐也会越来越多。母亲常常骄傲地说，她最大的财富就是她的7个优秀子女。

母亲最高兴的事，是一大家子人团聚在一起。虽然这种时候并不多，但只要有机会，我们都会赶回台湾的家中相聚。这种最浓最浓的亲情是任何时候，任何情况下都无法被隔断的。

我很庆幸有这样一位既传统又开明，既严厉又温和，既勇敢又风趣，既有爱心又有智慧的母亲。她的教育既有中国式的高期望，也有美国式的自由放权；既有中国的以诚待人，也有美国式的积极进取。如果说我今天取得了任何的成功，那么，这些成功都是来源于母亲的教诲、牺牲、信任和支持。

感谢时刻牵挂着我的母亲！

　　英国威尔士大学卡的夫学院大众传媒专业硕士。现为《今日话题》主持人和制片人，英语频道"时事评论工作室"总制片人。曾任中央电视台对外部《焦点》栏目编导和主持人，《英语新闻》制片人和播音员，《中国报道》和《今日中国》制片人。2004年"金话筒奖"最佳提名和当年"央视十佳"主持人，英语频道的创始人，曾多次应邀代表中国媒体接受美欧主要媒体采访，并主持境内外大型国际论坛。

仰视母爱的情感境界

杨锐

关于母亲的人格和她的舐犊之爱，任何懂事的孩子都不会没有至深的感受。而但愿此时的我在母亲眼里已经长大懂事了。

我的母亲是上海人，但是她的身上已经找不到任何上海千金的痕迹了。原因是 1949 年建国前夕，15 岁的她就参加了人民解放军，55 岁时，她光荣离休。今年，老妈 70 有 5。60 个寒来暑往，母亲目睹和经历了共和国所有的荒唐和辉煌。至今，她和我父亲携手步入人生的夕阳，享受子女和社会对他们的尊敬和回报。应王辉耀先生的邀请，我写自己的母亲。45 岁的我在母亲的眼里永远是孩子。怎么写呢？母性的伟大让我们永远仰视。但是，像艾青《大堰河，我的保姆》这样似乎又太过抒情和有特定的时代政治色彩。最好平视自己的亲人，这样心灵更近。并且往往生活中小的事情和细节令人难忘，甚至影响我们一生。夜深人静时，我陷入沉思。

父系社会里，母亲几乎是生活的代名词。生活永远是不易的，因为那个年代不仅需要面对日常生活中无尽的琐碎，还要提防无辜者莫明其妙的政治风险。在丈夫被带走面对法西斯一样的刑具去接受拷问时，母亲必须平静地面对一切可能突如其来的恶性变故，风雨一肩，完成对子女的抚养和对远在上海的五个弟弟妹妹的经济负担，还要安慰自己的母亲，也就是我的外婆。从城里到乡下，母亲给我幼小的心灵留下的不灭的印象是笑声和着泪水，以及刚直不阿。她的一生几乎从来不明白什么叫妥协和沉默，虽然文革岁月，她只能沉默，这种沉默有时表现为即便与 7 亿人民一道山呼万岁，而内心依然保留和压抑着本色的朴素、苦涩，但是泰然。孤独时，这种品质如静影沉璧；狂风暴雨时，她凛然正义，虽娇小地来自十里洋场，如弱柳迎风，但韧性之强虽历千古而依然诗意地周旋在油盐酱醋的避风港里，享受锅碗瓢盆里主题再现的交响。

如今，三个孩子都已事业有成。可是，母亲的另一个代名词是牵挂。至亲的爱不妨可以解释为：年轻时的思念，中老年时的惦念和百年后的怀念。中国的象形文字里，"念"字就是心头上永远提吊着今天和现在：孩子，你在哪里，你在干什么，身体好吗？至今，母亲还时常来电话问候。其实，这些本应该是孩子们对老人家的牵挂和问候。有人把祖国比喻成母亲，我看就是爱到深处的惦念。

看来，不去仰视还很难。

说两件生活中的小事。"文革"中，父亲被关进牛棚，母亲成了牛鬼蛇神家属被红卫兵拉走去政治学习时，8岁的姐姐就承担起大人的职责。有一次，她从炉灶上提起几乎是自己身体体积四分之一的大铜壶，给自己身高二分之一的热水瓶灌开水时不慎将两脚烫成重伤。姐姐刚刚痊愈，我又因为同样的原因被开水烫伤。白天承受了太多政治高压的母亲，晚上回来流着泪为孩子们换药，哄着疼痛难忍的孩子入睡，而自己内心的痛苦现在回想起来一定非常煎熬。在得到工宣队和军宣队的打手们勉强同意后，除了经常带孩子去本单位

医务室换药打针外，母亲还要先后背着我们姐弟俩去十里以外的牡丹江林业中心医院就诊，风雨无阻。

母亲是林业系统一所中专的语文老师。有时，早上上班之前锅里烀上大碴子粥，还担心烧焦了。上午头两节课后，马上趁工间操的短暂时间飞速跑回家照顾锅里的饭。每次母亲上下班，单位的高音喇叭里放出来的永远是两首歌《东方红》和《国际歌》，颇像是今天的北朝鲜，个人崇拜登峰造极。胸前别着主席像章的母亲跟无数家长一样虔诚。白天在红旗飘飘，满天遍野的大字报和震耳欲聋的高音喇叭的围困中带着真诚的目光去接受日复一日的精神上的蹂躏。关于虔诚有不同的解读。宗教意义上的虔诚是发自内心深处的，而政治高压下的虔诚是介乎巫术和恐惧之间的顺从。也只有回到孩子们中间，母亲才会有尊严和人的直立行走。那个年代，所谓尊严，就是回归生活本身，就是实实在在地过日子。

当年，如此身心的煎熬竟没有压垮母亲，简直是奇迹。因为，自打生下我来，母亲就因为产痛而患上高血压，至今病历四十五年了。由于常年吃各种降血压的药物，形成神经衰弱，再加上精神上的刺激和工作压力，母亲的胃落下了病根子，经常疼痛难忍，脸色蜡黄。几年前，心脏病严重。我曾暗自落泪，心中隐隐作痛。母亲本该好好享受子女的爱和回报，却每天为腰间盘错位和膝关节的骨刺遭受常人难以想像的痛苦，坐卧不安。可是每次回家探望母亲，都觉得她精神状态特别好，根本不像有那么多的疾病缠身。我只能得出一个结论，峥嵘岁月锤炼出来了老人家的乐观豁达和钢铁般的意志。最不愿意得出的结论是母亲在孩子们面前几十年如一日地强制自己表现出母仪的尊严，不管身心有多么痛苦。

又是仰视。

在家中，我们难免会议论社会上各种丑陋现象。母亲这时总与父亲唱对台戏。她坚决反对和全盘否定个人崇拜，谴责腐败。她一辈子没有入党，但是对党的事业忠心耿耿，对腐蚀党和政府形象的社会现象严词批判，刚直不阿。父亲则和风细雨，始终保持对共产党的绝对忠诚，不同意母亲措辞严厉的批评，不允许批评老人家毛泽东的光辉形象。退休20年了，父亲始终坚持学习文件，思考国家大事，坚持过组织生活，所有风格都保持和延续了我党战争与和平时期的艰苦朴素和公事公办的伟岸。他们吵过架，但总是父亲退让、沉默、好言相劝。离休后，父亲挽起衣袖，郑重地对母亲说，他要学会下厨做饭，照顾好年迈多病的母亲，并补偿多年来因工作而欠下的家庭责任债。

应该说，母亲的真正幸福始于离休后。老两口相濡以沫，举案齐眉，相敬如宾。朝朝暮暮地相随左右。父亲每天定时为母亲量血压，领她去医院看病。每天早晨老两口要么一起打太极拳，要么乘公共汽车去市内老年人聚会的地方跳舞。不过，最重要的是离休的头10年，他们创建了当地第一个老年艺术团，虽然母亲看不惯团里素质较差的

个别人的行为和言论，但是身为创建人和团长的父亲永远都那样忍辱负重，在非原则问题上息事宁人，一团和气。10个春秋风里来雨里去，父母满腔热忱地调动和发挥团里每一位老人的才华和热情，享受歌舞带来的夕阳无限的晚晴。两位老人的性格和脾气从结合到现在始终互补得非常完美。

在前年金婚晚宴上，80高龄的父亲满肚子的话却只说出了半句："汤健同志50年来辛苦了，"然后唏嘘哽咽地说不出其余。满场客人无不为之动容。作为司仪和最小的儿子，我非常动情地拥抱了母亲，我的眼泪在眼眶里拼命地挣扎。此刻，我和母亲一样幸福。我能感觉到她的心脏跳动得非常稳健，从容。因为儿子不辱使命，带着母亲的期待，整日里为国家的尊严和人类的和睦与世界各地的精英和伟人们对话，去影响舆论，推动进步。没有母爱的影响，我的精神一定会残缺，我的襟怀一定不够宽广，我的境界一定是凡夫俗子。在父母的悉心养育之下，我能成为对国家有用之人，这也许是最大的回报。这一点完全可以从我每次由北京飞回到她身边时我们母子相遇的第一次眼神的碰撞时，她嘴角宽慰的笑和携子之手的瞬间，周身暖流的传递中获得回答。

我对母亲仰视了一生。从拉扯着母亲的衣角整天嚷着要买玩具和零食，到在母亲严厉的目光下每天做好中小学学校的功课，到上大学时每个寒暑假回到母亲身边陪她聊天，一直到满腹酸楚地看着她步履蹒跚，眼角布满皱纹，脸上手上长了许多老人斑和那很有风度但是花白了的头发，我们生命的蜡烛和着蜡泪，点点滴滴，滋润着彼此的心田。暮年黄昏时，这盏蜡烛点亮了发黄发旧的小木桌，在母子端起碗筷的瞬间，我复杂的眼神充满了歉疚和不安，永远也无法解释为什么慈祥的母亲并不要求我的任何回报，相反，还在节衣缩食，考虑身后给我留下什么……泪水模糊了我的视线。我虽然做到了物理上的平视，但在心灵拉近的同时，我忽然发现怎么也达不到老人家情感境界的高度。

以我的个性、自尊和精神追求，不可能有仰视一生的偶像，但是普通而平凡的母仪确实实在在地让我高山仰止了 45 载，并丝毫不觉得累。反而内心充满甜蜜。

妈，爸，衷心祝你们健康长寿。远在北方的儿子不大可能经常回家看你们，但是儿子的心里一直保存发酵了 45 年的母子深情。母亲，对不起您！我的降生当时给您带来的剧痛和 45 年的高血压，是我永远无法释怀的心痛，而 45 年您没有发生意外，可能就是出于这份厚重的无法割舍的舐犊之情。这种亲情和挂念是相互的，而且与日俱增。当今世界都说无法准确诠释幸福。其实它并不难界定，只是看我们是否怀有一颗谦卑感恩的心。

每念及此，别无所求。

摩根士丹利执行董事，负责大中国地区媒体及互联网行业的投资评估及推荐。

被认为是华尔街顶级的中国媒体和互联网的投资专家。曾被艾瑞（iResearch）评为"2007年新经济最佳投资银行分析师"，并在格林威治（Greenwich）等机构投资人的评选中名列前茅；其观点被知名媒体，如《商业周刊》、《华尔街日报》、《财经》，及凤凰卫视等广为引用；曾经带领阿里巴巴、腾讯、完美时空、航美传媒、永新视博，和盛大等公司的上市推荐工作。获得哈佛大学博士及宾夕法尼亚大学沃顿商学院 MBA 学位（获 Director's list），多次在权威科研杂志上发表文章，目前还担任中华全国青联委员。

人生就是一幅画

季卫东

如果说母亲用一生作了一幅画，那这幅画应该"赏心悦目，与众不同"，而我作为她作品的一个重要部分，她为我开的头就十分有趣。

我出生时属特大号，有九斤三两（近10磅），据说连医生和护士都很惊喜。作为一个"球迷"，我后来发现美国的体育明星们在出生时都很难达到这样的体重；在当年的生活条件下，牛奶和鸡蛋在国内都是按户配给的，能生出这么大号的婴儿，母亲应该算是"为国争光"了。母亲说，我落地时就已长满头发——现在流行用婴儿的头发做"胎毛笔"作纪念，那我当年提供的原材料也许可以批量生产"胎毛刷"了。

日后我在学校里站队总排在最后，算是能"站得高，看得远"，到中学里还因为身材高大进了校篮球队，回想起来，"身体发肤受之父母"，首先要感谢母亲的生育之恩。

母亲"放羊"

和现在"望子成龙"的父母们不同，母亲对我的教育是属于"放羊"型的——她"抓大放小"，特别重视我志向和品德的教育，"修身，齐家，治国，平天下"的道理，以及孔融让梨和岳飞精忠报国的故事，我从小就耳濡目染。但她从不给我安排课外作业，好让我有充分时间去寻找自己的兴趣爱好，度过了一个快乐的童年。

记得我从小就玩心很重，常常比别家的孩子晚回家一两个小时，母亲也很宽容，不追究我为什么回来这么晚。在中学升学考的两门考

从左至右：姐姐、父亲、母亲、季卫东

试之间我还到处找人玩，看到小朋友们惊诧的目光，当时还不知所以然。母亲对我的兴趣爱好十分鼓励，我曾经一度热衷于看小说（常常从小朋友家整包整包地借书，如饥似渴地阅读；因为常喜欢把大人的故事讲给大院里的小伙伴们听，所以被邻居戏称为"季博士"，没想到多年后还成了事实），写朦胧诗，打篮球（周末的时候常常要玩一整天，回家吃个饭，然后又像小鸟一样地飞走了，很有点像迈可尔·乔丹争 NBA 总冠军的味道）。现在才明白正是因为母亲这种"放羊式"的教育，不知不觉中培养了我对生活的巨大热爱和想像力。

日后我在学习中也发现，无论是"世界首富"比尔·盖茨，"发明大王"爱迪生，还是高尔夫球王"老虎"伍兹，热爱是推动他们事业进步的最大动力。

与生活中的低要求相反，在事业上，母亲总是鼓励我去登最高峰——只有上过泰山顶，才会一览众山小；只有参加了奥运会，才知道自己究竟跑得有多快。"法乎其上，仅得其中，法乎其中，仅得其下"——无论在哈佛读博士，还是去世界金融类排名第一的华顿（Wharton）商学院念MBA，母亲的教诲都激励我不断上进。

母亲爱生活

如果人生是一幅画，那时间、资本、智慧和家庭就是画的颜料，母亲一生中总是尽量让画面"赏心悦目"，让自己满意，让家人和朋友欣赏。就像一段广告中说的那样：生活是旅程，不是赛跑，所以要享受这段车程（Life is a journey, not a race. So enjoy the ride）。

母 亲

在生活中，母亲和我都信奉"以低于平均的生活成本，获得高于平均的生活质量"。这两样是个平衡，如果为了追求高生活质量，而付出高于平均的生活成本，那未必是有智慧的生活投资。母亲相信，一个人不需要浑身都穿带名牌，而知识和爱心就能让人成为"名牌"。尊崇母亲的教导，直到今天，我生活的开销仍仅

是收入很小的一个百分比。

母亲是位编剧，一生中创作过几十个剧本，其中不少脍炙人口，至今还被改编重演。小时候，母亲教我欣赏越剧，我一度能根据一句"妹妹呀"，就能分辨出是哪一个流派的小生唱的。母亲也教我欣赏梅兰芳，尽管我无缘看到他的演出，但大师对艺术的不懈创新，将生活和艺术的融会贯通，和抗战时"蓄须明志"的气节，直到今天，还对我有所激励。

作为小小回报，我现在也帮助母亲了解周杰伦——我曾带着母亲去周杰伦的演唱会。8万人的会场，只看到两个白头发的，一个是周杰伦的外婆，一个是我妈。尽管母亲听了三句才明白周杰伦唱的是中文，但她依然满怀好奇地在焰火的照耀下和震耳欲聋的音乐声中度过了一个不寻常的夜晚。她最喜欢的歌是"听妈妈的话"，他说周杰伦懂得听妈妈的话，应该是个好孩子。

受母亲的启发，我一生中有个目标是要"每天高高兴兴上班，高高兴兴回家"。如果每天能高高兴兴上班，就一定热爱工作；每天能高高兴兴回家，就一定热爱家庭。在美国的日子里，我曾经一个暑假做了50多个菜，还编了一个有各种好听名字的菜谱，现在也常为我去过的饭馆排名，然后推荐给好朋友。我在美国曾经从事过10年心脏病和癌症新疗法的研究，学以致用，我现在亲自为母亲调理饮食健康。

几年前的春节，我还带着母亲去夜游珠江。看到夜晚温柔而富有魅力的珠江，母亲像孩子一样兴奋。带着女朋友去度假，大多数人都会做，但带着妈妈去度假，我觉得应该是这个追求"酷"的年代里最"酷"的事了。

母亲的坚韧

　　母亲一生中经历了许多坎坷，从抗战的烽火，到新中国成立前疯狂的通货膨胀，以至文革中的困惑，她依然保持着对生活的乐观。父亲早年生病需要悉心照顾，母亲也无怨无悔，与父亲相濡以沫，困难中见真情。她老人家的坚韧不拔，是生活在幸福年代的年轻人所缺乏的，也总在我面临困难和挑战时激励着我。她常对我说，今天作为和谐社会的中国人，我们真是幸福——这是她对自己 70 年生活的总结而得出的感慨，发自肺腑。

　　记得当年我去美国留学，因为经济上的困难，母亲和我分开 6 年才又见面。男儿有泪不轻流，但分别的时候，看着母亲依依惜别的泪水，我也禁不住热泪直流。在美国学习时，母亲对孩子的思念，是可想而知的，但她却时时忍耐，不让我觉得有后顾之忧。我来香港实习，母亲还陪着我睡地铺，而且还乐在其中。圣经上说，爱是恒久忍耐，这在母亲身上有着非常好的体现。

　　母亲的毅力也激励了我，当年为了去美国留学，我曾背下了一本字典，GRE 获得了高分，当我得到了 1000 元人民币的奖金时（当时大学毕业生的工资不过 100 多元而已），父母会心的微笑是对我最大的奖赏。在大学读书期间，为了多一点时间学习，8 个假期中我有 6 个是在学校度过的，母亲当时还带着好吃的来探望我，如果不是母亲的鼓励，恐怕我就无法专心地"闭关练剑"。猜想起来，武侠小说中的大侠们应该都有一段苦练的日子，日后才能"笑傲江湖"，只是当年仗得是独步天下的神功，而现在靠得则是与众不同的智慧。记得获得哈佛博士录取通知的那一天，我仿佛觉得上帝在对我微笑，父母亲多年的心血也有了回报。

母亲

母亲常对我说，事业上要抓住机会，但更要学会忍耐，如同打猎，不要轻易出手，要耐心等待最佳时机，许多聪明人为一时利益而冲动，长期看来却往往走了弯路。母亲70多年来的经验是，人一辈子的关键是要能抓住一两次机会，避开一两次灾难，不少聪明人往往能抓住机会，但却忘记了风险，没有对诱惑说"不"。

忍耐的另一个方面是要"人弃我取"，这需要顶住很大的压力，但这能使人避开竞争，以最低的代价获得最好的成果，"股神"巴菲特和华人首富李嘉诚，都是这方面的榜样。

母亲"忍耐"的基因，多多少少遗传给了我。在投资银行工作，我曾经三天与投资人开了35个会，也曾40多个小时只睡了4个小时。常言说，每个成功的男人背后都有一个伟大的女人，成功两字我还有距离，但母亲的支持和榜样力量的的确确是我前进的动力。

母亲交朋友

朋友是每个人一生中最重要的投资，从我小时候起，父母就身体力行，让我学会把最好的给朋友；他们常说要"舍得"，只有学会"舍"，才能"得"到宝贵的友谊。

以前在经济困难的年代，一包5分钱的话梅，我也学会和朋友们分享，每个月一块五毛的零用钱，一半会花在朋友身上，看到小伙伴们的喜悦，我内心也充满了快乐。后来我还把姐姐介绍给了最好的好朋友，现在他成了我姐夫，能让朋友成为亲人，那应该是世界上最美好的事。

在我眼中，母亲总是待人以诚。同样，她教我挑朋友首先要注重忠诚可靠，而不在于名誉地位，后来我发现这也是曾国藩在他的家书里一再提倡的。在母亲的宽容下，我从小就成了一个忠实的"武侠迷"，对行侠仗义的大侠们充满景仰（如果把我的姓"季"拆开，多少能看出点例不虚发的小李飞刀的味道），因为从小养成了讲义气的性格，以后无论在美国求学成为哈佛中国学生学者联合会副主席，还是回国从事金融投资（我把这称为"行走江湖"），或是加入全国青联，都交了不少知心又有爱心的好兄弟好朋友。

待人接物时，母亲特别关注我是否谦虚，每个人都是老师，处处都可以学习；如老子说的：上善若水。大江大河正是因为处在下方，才能汇集百川，成万千气象。母亲也教导我，要做好人，而不是做完人，世上本无完人，即便有，周围的人和他交朋友都会有压力。要做好人，常帮助人，才能让人亲近而朋友多多。

　　母亲很强调对老师的尊重，中国的传统中，"一日为师，终身为父"，而名师的教诲是无价之宝。我深感幸运的是一生中有过两位"超级明星"级的导师——癌症新疗法的"教父"朱达·福克曼博士（Dr. Judah Folkman）和"网络女皇"玛丽·米克（Mary Meeker），他们对行业的前瞻性，以及对事业的衷心热爱和精益求精，对我的一生都产生了巨大的影响。

　　母亲还十分看重"雪中送炭"。她常说，"锦上添花"容易，因为成绩和荣耀多数人都能看得见，但"送炭"的机会，我们要用爱心

季卫东和母亲

和耐心才能发现，是别人最需要的，也应该是我们求之不得的。母亲也认为，对朋友的帮助，未必只是在大事上，由于我从事过近 10 年的医学研究又喜欢美食，业余时间常为朋友提供饮食健康的建议，希望这些能让朋友们的生活质量更好。要把人生绘出一幅赏心悦目的画，家庭以外，好朋友是我们生活质量的关键，迄今为止，他们是母亲和我最大的财富。

母亲的"与时俱进"

母亲一生都不断学习，在同辈中是属于特别勤奋的，也是激励我们晚辈的好榜样。无论我以前在哈佛学习医学科学，还是日后在华尔街从事金融和媒体的投资研究，母亲都跟着学习；她常常为我收集各种信息，从癌症的新疗法，到华尔街的动态，和媒体产业的走向，她都能及时与我分享她的理念和看法。作为图书馆的常客，母亲每天一待就是几个小时，她七十多岁还在"与时俱进"，我还有什么理由不努力呢？

受母亲影响，在以往的两个春节假期里，我每次都要抓紧时间念五、六本书，在我们看来，知识与智慧才是最能持久的财富，才能分享给朋友，造福于人们。

母亲喜欢新鲜事物，从 2007 年起她正式成为网民，这一年中国网民总数上升了 50%，我常开玩笑说，这么大的增长，应该有母亲的一份功劳。她现在每天都会花几小时上网，有许多新闻趣事都分享给我。母亲的勤奋还体现在其他许多方面，比如为了学习房产投资，母亲在一年的时间里，看了上海 100 多栋房子，还做了详尽的记录，这在 70 岁以上的老人中，恐怕也算得上是一项"吉尼斯纪录"了。

衷心祝愿母亲健康长寿，在她人生的画卷里增添新的赏心悦目而又与众不同的图画！

献给母亲的礼物

毕业于华沙学院并获学士学位。具有近15年国外工作经验，与美、欧实业、金融界的高层有着广泛而密切的联系，并多次在他们对华投资过程中起到重要作用。自2000年3月起担任中国互动媒体集团总裁。中国互动媒体集团创立于2000年，是从事文化产业的公司，创办了《iLOOK 世界都市》杂志、《Time Out 乐–北京》杂志、《Time Out 乐–上海》杂志、《Seventeen 青春一族》杂志，制作了《七九吧iLOOK Fashion Café》节目、《大人在说话》节目和中央人民广播电台"都市之声"节目的《乐在1018》栏目。《世界都市iLOOK》和《青春一族Seventeen》是国内唯一率先通过BPA国际组织发行审计的时尚消费类刊物。

2004年被评为"亚洲最著名的四个媒体人"，是中国内地唯一入选人

2006年首届"创意中国盛典"中，获得"最具创意人物奖"

2006年被评为"中国骄子年度新锐人物"

2007年被评为"年度中国十大魅力女人"

2007年被评为"北京朝阳文化创意产业精英人物"

我的母亲章含之

洪晃

在我心目中，妈妈是个悲剧性人物，但是，她是史诗规模、莎士比亚级别的悲剧人物。

妈妈一生不知道自己的生父是谁，她的生母也是在 20 世纪 70 年代尾声，也就是她已经 40 多岁的时候，才和她有正式而且相对平凡的接触的。妈妈进章家门的时候不到一岁。她是外公第二位太太——溪夫人的女儿。溪夫人就是我的外婆。妈妈从小没有得到什么母爱。溪夫人是一个典型的上海姨太太，每天打麻将，在外面吃饭，而妈妈几乎是几任江北的阿姨带大的。我想妈妈小时候过的是不缺吃、不缺穿，只缺爱的生活。记得妈妈说，她小时候信天主教，经常一个人在教堂里面发呆。

外公和溪夫人的感情并不好，抗战的时候，就把溪夫人和妈妈都留在上海，并没有带去重庆。这使溪夫人很不高兴，而且居然在上海认了一个"干儿子"。老上海人都知道这是什么意思。妈妈说，外婆那时候就对她不管不顾了，每天让这个"干儿子"骑自行车去接妈妈，妈妈就坐着"二等"回家。有一回，回家的路上下大雨，这个"干儿子"骑得特别猛，居然把妈妈甩在马路上了。但是他丝毫没有察觉到这个 7 岁的孩子已经摔在马路中间，只是到家以后才发现后面没有人了。妈妈说，她只好坐在马路沿子上挨雨淋，等了一个多种头才被领回家。

妈妈大学刚刚毕业的时候，她的生母通过我的父亲，又找到她。据我父亲告诉我，那是因为他认识我的亲生舅舅，也就是妈妈同母异父的哥哥。当时妈妈非常激动，这似乎解释了她小时候所有的委屈、

孤独和不幸。当时，妈妈甚至想脱离章家，回
到自己生母身边。这事情发生在 20
世纪 50 年代，而那时候的革命教
育也迫使妈妈认为，她的生母放
弃她肯定是因为太穷，而穷人都
是好人。反而，像章家这种封建家
庭一定是反动的，她如果投奔她的
生母，那简直就是革命的一步。而
就在她下决心要走出章家门的时
候，妈妈被北京市市委书记彭真

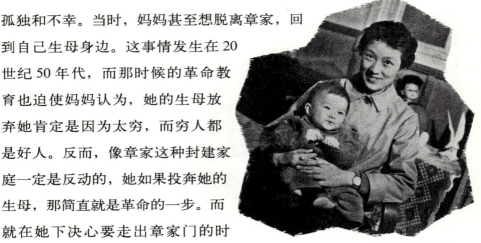

童年的洪晃和母亲

同志的秘书找去谈话。他告诉妈妈，章士钊是共产党统战的对象，党
不希望在他刚刚回北京几年内，由于共产党的政治教育，丢了自己的
女儿。所以，底线就是党需要妈妈待在章家，好好当女儿。在那个年
代，这句话可能比什么"养育之恩"之类的人之常情更能够说服一个
二十几岁的女青年。也就这样，妈妈留在了章家。但是从那以后，她
一直偷偷跟自己的生母保持联系，每次去上海都去探望她。她一直寄
希望于这个生母能够给她她一生渴望的母爱。

　　由于妈妈是这么长大的，所以她不知道如何向我交待这么复杂
的家庭背景。更何况，溪夫人，我的外婆酷爱我，对我简直是好得不
能再好。外公章士钊 80 多岁终于有了个第三代，对其更是百依百顺。
我从小跟我外公、外婆在四合院里长大，是他们在一个动荡的年岁中
给了我一个无忧无虑、快乐的童年。妈妈知道我和外公、外婆感情深
厚，这就让她更加难以启齿告诉我家里这些复杂的背景。1976 年夏

洪晃和母亲

天，我从美国回来过暑假，就在唐山大地震的头一天，妈妈跟我说："明天去火车站接你的外婆。"

我以为是我外公的第三位夫人从香港回来了，"殷婆婆回来了吗？"我问。

"不是的，"妈妈说，"明天早上你去之前我再给你解释。"

结果，当天晚上就发生了唐山大地震，妈妈和乔冠华当然连夜全去了外交部。早上，妈妈来了电话，说来不及跟我解释了，但是八点半赶到北京站，在右手的大钟下面会有一男一女，那是我的表哥和表妹，男的叫瓶瓶，女的叫罐罐。他们是去接他们的奶奶，也就是我的外婆。然后，不容我再问任何问题，妈妈就把电话挂了。

那年我15岁，在纽约已经住了3年，完全是个美国孩子了。从我的视角来看，1976年的中国本来就是一部超现实电影，所有一切都不可能是真实的——这个国家就是奥维尔的《1884》。所以，地震震出来个莫名其妙的"外婆"和两个叫瓶瓶罐罐的表哥表妹似乎非常正常。

我对这个亲生外婆的态度跟妈妈正好相反。我记得这个有严重风湿性关节炎的老太太是个非常势利、不真诚而且话实在太多的老太太。在来的第一天晚上，她就在史家胡同的饭桌上热泪盈眶地对我说："要感谢共产党，毛主席让我们一家团圆。"我当时觉得这是变相地在骂抚养我长大的外公外婆，而51号是他们的家，所以我跟妈妈大吵了一架。结果证明我是对的，在乔冠华去世之后，妈妈最需要亲人的时候，这个老太太选择了跟已经被她遗弃过一次的女儿划清界限。

妈妈是个传统的女人，她太把男人当回事情。我总觉得她思想中有根深蒂固的男尊女卑情结。有这种思想的女人，最后总是要找一个值得她彻底自我牺牲的男人。妈妈的一生中，这个人就是乔冠华。他们在有生之年没过什么太多的好日子，光隔离审查就有两年。而乔冠华走了以后，妈妈守了25年寡。在这25年中，妈妈写了4本书，每本书的主角都是乔冠华。在公众眼里，这是她的美德，是一个美丽的中国女子应该做的。在我眼里，这就是她悲壮的地方，也是她为什么是悲剧人物的原因。

我很想她，很想再有一次机会让我改变她的悲剧命运，让我再有一个机会让她最后的25年过得更加开心一些。可惜，我不会再有这个机会，这将是我终身的遗憾。

教育咨询专家、新东方教育集团董事、新东方文化发展研究院院长，新东方留学、签证与出国咨询事业创始人。

1956年生于江苏泰兴。1983年毕业于中央音乐学院。1983年~1987年，北京大学艺术教研室教师、北京大学团委文化部长、北大艺术团艺术指导。1987年~1995年，在美国、加拿大留学、定居。获加拿大音乐硕士。1996年1月回国，创建新东方咨询处，从事新东方出国咨询和人生咨询事业，参与创建新东方事业至今。

著有：《美国签证哲学》、《美国留学天问》、《图穷对话录——我的新东方人生咨询》、关于大学生留学、考研、就业问题的《油箱里的灯光》，以及《仙人指路》等畅销教育咨询著作。

隧道里的风景
——母亲教我的歌

徐小平

一

很小很小的时候，也许是在我真正懂事前，我就有了一个"要上大学"的梦想。我记得母亲总是用一种非常自豪和喜悦的口吻说道："我家小平，将来是要上大学的……"

写下这几个字，我脑子里立即显现这么一个场景：年轻美丽的母亲，一边在家里忙前忙后，一边喜气洋洋、十分自豪说着这句话。好像那个还穿着尿布的我，已经接到了北京大学录取通知书。

母亲具有一种非常乐观明亮的性格。我很少记得母亲在我小时候对我有过什么责备和训斥，看见她动怒，更是非常罕见的事。母亲对儿子的种种期待和要求，我基本上是从她对我的各种鼓励夸奖、以及在向左邻右舍、同事朋友们赞美夸耀我的语音中分解出来的信息。

有时候我甚至会想：是不是因为我太优秀了，以至于有关母亲教子的回忆都是美好的印象。但这个想法一闪现，我往往就会满脸通红。因为我立即意识到，以我少年时代的操行，换了另外一个性格刚烈的母亲，其实也可能被禁闭和鞭打无数次。

"我家小平，将来是要上大学的"。这句母亲常常摆在嘴边自言自语的话，简直成为一种神的启示，是我一生求学求知、追求真理的原动力，至今还在激励我继续努力，寻求生命更高的价值。在她老人家润物无声、春风化雨的教育方式下，我幼小的心灵，就深深地植入了她给我的人生路标。

水的力量，最柔软也最强大。母亲就像一条河，辟出了我的人生河床和出海口。

前两年，我自己的大儿子进入大学入学申请的紧张时刻。有一次，他的SAT成绩出来不太理想，我流露了一点失望，儿子为了转嫁危机，愤怒地对我控诉道："你从小就要我上哈佛哈佛，你知道你给我多少压力吗！"

面对儿子的指控，我想起了他的祖母，即我的

母亲对我的教育方式。在上大学、以及在人生奋斗的各种相关问题上，母亲确实从来没有给我什么硬性指标和压力。在我人生各阶段，面对各种挑战和选择时，她只是让我感到了她的心愿和期待，从而也就让我知道了我应该如何让母亲高兴和幸福（上大学嘛、找工作嘛、挣钱养家嘛！）……于是，面对因为考试暂时失利而恼羞成怒的大儿子，我不禁对自己自责起来：母亲没有上过大学，没有学过心理学，至今也没有去过美国，但她却知道，真正有效的励志教育，就是鼓励和赞美，暗示和诱导，而不是那种硬梆梆的要求和胁迫。

　　而我——在新东方以教育咨询而立足于世的我，至少在教育儿子问题上，做得还不如我的母亲对我那样做得好。也许，现在的我，还需要回到母亲身边，重温她那种卓有成效的教育哲学（我本人，就是她教育学派的最佳范本），从中汲取智慧和启迪，从而改善我自己的训子方式——说不定，还能给我已经感到疲惫的教育咨询，带来"春风又绿江南岸"般的震撼，重启我心中最最强劲持久的澎湃动力——母爱的力量。

二

　　母亲是善良与爱的同义词。望子成龙，是天下父母共同的梦想和心愿。但不同的母亲，展示善良和爱的角度，望子成龙的方式，确实都不一样。我的母亲，有她自己的方法，而这种方法，在一步步把我教养长大的同时，也成为我自己苦心孤诣追求的人生智慧和艺术。

　　2007 年 8 月的一天，母亲过生日。我的姐妹们带着父母从老家江苏泰兴来到上海，为她老人家祝寿。那天晚上，我亲自开车带着父母和家人，去浦东陆家嘴某个餐厅吃饭。

　　那天是周五晚上堵车高峰时刻，天下大雨，平时 20 分钟的路，我开了一个小时才到了饭店附近，眼见得幸福在望了，但是在一个拐弯路口，我不知怎么就迷失了方向，把车开到了通往外滩的延安路隧道里。隧道堵成了一条长长的停车走廊。我心里凉透了：要想过了隧道再返回浦东，恐怕今天大家只能吃点夜宵给母亲祝寿了!

　　汽车里一片沉默。大家都知道,今晚这个宝贵的聚会是被我的驾车技术毁于一夕了!我自己心中更是懊恼不堪,无比沮丧!各种自责的念头纷纷冒了出来。

　　此时此刻,车里忽然响起一路没有说话的母亲那一如既往平和慈祥的声音。母亲说:"这样也好,走走隧道,等于是观光一次"。

　　列为看官,当你读到这句话,千万不要以为我母亲是在搞笑讽刺

母亲、徐小平和儿子

母亲、徐小平和儿子

我。母亲并没有这么深刻的幽默感。她老人家其实是在宽慰我，让迷路的儿子不要因为一次方向性错误，再陷入一次情绪性迷乱中。她只是要在这看不见尽头的隧道里送给我一番勉励，让我安心开车，及早回到正确的道路上来。

"在隧道中寻找风景、在逆境中寻找出路、在黑暗中寻找光明、在绝望中寻找希望"——母亲对儿子言传身教的人生哲学，简直和儿子所服务的新东方那句著名校训如出一辙啊！

这就是我的母亲，她总是那样无端乐观、盲目积极、永远光明、永远看见事物好的一面。这个精神财富，成为我自己最宝贵的性格特征之一，甚至是我认为最值钱的人生财富。

　　欲知母亲这种乐观主义精神如何影响了我的性格和生活，请允许我再讲这么一件与开车有关的小故事吧——有一段时间，我的司机辞职了，我决定不再找司机。想：自己开车也有自己开车的乐趣。但是，平时不太开车的我，在短短个把月之内，连续把车磕碰了两次。虽然不是什么大事故，但着实令人烦恼，尤其是我的太太，既心疼车，又心疼钱，还心疼自己嫁给了这么一个愚笨的司机。

　　在连续修车两次之后，有一次，我把整修一新的车从车厂开回家。再次上路，在一个拐弯的时候，一不小心又碰到了墙角，再次把车门撞坏。太太坐在车里，脸色铁青，准备全面发作。这时，一个声音，一个我自己都不相信是我的声音，从我嘴里冒出来。我居然用一种好像是发现自己中奖后大喜过望的声音说："太好了！一个月撞车三次，这证明一个真理——我必须找一个司机了！"

　　坐在旁边本来要大大发作一次的太太，听到我这个奇怪的反应，感受到极度震撼，半天才说出一句话来："你这种脑子进水的乐观主义，只有弱智的人才有，I 真是服了 you 了！"

　　很快，我找到了新的司机，从此，我的爱车再也没有碰撞过！

　　有其母，必有其子。母亲在隧道里寻找风景，儿子在撞车时想念司机。母亲给我的这种积极乐观的思维方式，成为我人生较少撞车、即使撞了车也不愤怒、也会迅速修复并避免再撞的重大精神财富。

　　2001 年我 45 岁，遇到了我事业人生最大一次撞车事故——我被我最要好的创业伙伴们投票赶出了新东方董事会。当决定出来之后，我走到发起这个动议的董事长俞敏洪身边，在大家惊愕和意外中，我张开双臂真诚拥抱了他。在所有人感动的掌声中，我黯然离开了我人生中唯一值得自豪的这份事业。10个月以后，带着两本描写我在新东方追求梦想的新书，在大家的邀请下，我又回到了新东方董事会，和大家一起，把新东方带上了华尔街。

在那一瞬间，我伸出的不是拳头，而是怀抱，我想，母亲的教养，在这个关键时刻起到了决定性作用。事实上在我赋闲在家的那些日子里，母亲，包括我的父亲，都曾让我十分意外地向我表示：做事业，还是大家在一起做好！兄弟伙伴之间的冲突算什么……

谁言慈母爱，只是身上衣？母亲给我的乐观积极光明向上的性格，就这样帮助我度过人生无数艰难时刻——我有过无数艰难时刻，但从来没有过绝望时刻。因为，我有一位能在隧道中看见风景的母亲，我还有什么没有尽头的绝境？

三

母亲的乐观主义不知从何而来。这可能就是她善良美丽的天性，

　　或者，也许这是她面对有时候并不美好生活的一种选择。

　　母亲在 1956 年 5 月的一天赐给我生命。当我还在母亲怀抱里的时候，不仅遇到了大饥荒，同时，社会上又掀起了阶级斗争的很多新高潮。母亲的母亲，我的外祖母，成份是地主。解放后受尽歧视和压迫。外祖母的土地被充公了，外祖母的房子被"改造"了（也就是被充公）。母亲经常去看她的母亲，但在我记忆里，母亲和外祖母在一起窃窃私语时，从来没有在一起诅咒、抱怨和指责过什么……在谈完生活中发生的种种不快后，家里的生活一切如常，天下太平……我党有这样的阶级敌人，所以到处"莺歌燕舞"；我国有这样的人民，所以有今天辉煌的崛起。

　　在 20 世纪 60 年代那样红色恐怖的岁月，我的母亲，你有什么理由总是那么乐观——难道就是"将来要上大学"的"我家小平"？

　　答案是肯定的。母亲一旦成为母亲，全部爱心和希望就倾注在我们儿女的身上。外面的世界愈加喧嚣凶险，只能使屋檐下母爱的天地更加静谧祥和，太平安宁。

　　我的父亲，1942 年参加革命，以他的资历，本来是可以做大官的，但因为岳母是黑五类，所以仕途不通，官至江苏省泰兴县泰兴镇副镇长。父亲的口碑不错，人人都说他是"好人"，所以，也就只好做到副镇长。我的母亲，作为泰兴地区的大户人家的千金闺秀，嫁给了一个仕途潦倒、婚姻失败的小官僚（我母亲和我父亲结婚时，还是一个黄花闺女，但我父亲却是一个被前妻抛弃并拖着一个"油瓶"的二婚者），但在我成长过程中，我从来没有听她抱怨过什么。我的父母关系，可以说是恩爱典范。

我的母亲，从来没有流露过嫁错夫婿、红颜薄命的叹息。相夫教子，成为母亲在养育我们的过程中，也是她生命流逝的沙漏里，回转的旋律，永恒的主题。

出生在 20 世纪 50、60 年代的我们这一代人，活着就是艰难的。应对生活的压力，母亲给的言传身教至今使我难忘。我还记得，如果家里的饭菜坏了，母亲舍不得倒掉，会说：不要浪费，然后放到锅里加温之后把它吃掉。现在，我只要看见剩下的饭菜，就会想起母亲的这个举动，同时想，剩饭不该浪费，身体就可以摧残吗？——但上帝保佑母亲，给了她一副抗体特强的胃，我还真想不起母亲曾经因为吃馊了的饭菜而住院的事故。

小时候的记忆，充斥了母亲为衣食住行而竭力奋斗的往事。比如为了全家人的穿衣问题，给我印象最深的，是母亲常常说买"零头布"。所谓"零头布"，就是布匹到了最后那些零碎的部分，价格相对便宜一些。我常常听母亲夸耀她又买到了多少"零头布"，母亲这种生活态度，深刻影响了我的生活观念。我曾经在一本书里，描写过一个在北京艰苦奋斗的女生的故事，我写道：和许多夸耀其衣服昂贵的女孩子相反，沙玫总是得意而自豪地告诉我这件衣服多么便宜……劳动人民贫穷而有尊严的生活品德，在她身上闪闪发光。沙玫在这种逆境下展示的积极生活态度，总使我想起我的妈妈。

这一段描写，也许我是借沙玫这个美好女生的事迹，同时颂扬一下我的母亲吧。母亲给了我质朴的眼睛，我却用它来寻找华丽。我自信拥有很不错的审美眼光。但心灵深处，我对那种具备母亲般质朴、

从左至右：徐小平、儿子、妻子、母亲

勤俭、乐观、善良品质的女性，总是充满了更加崇高的敬意。在新东方的咨询工作中，我倾注最大心血去帮助扶助的，就有许多这样的女生。也许，这是我心中"恋母情结"的一种升华方式？但毫无疑问，母亲的人格、性格和品德，成为我一生接人待物、办事处世的基本标准，成为我敝帚自珍的为人特征。

四

母亲是所有儿子的巨著，母亲是所有女儿的史诗，母亲是所有人

最最崇高的女神。关于母亲的故事，我们一辈子都讲不完。

还是去年夏天在上海给母亲祝寿的那几天，我带父母出去吃饭，到了一个用刀叉的餐厅。妈妈问我一些西餐礼仪，我就手把手告诉她如何使用刀叉，如何切割牛肉。母亲饶有兴致地模仿着、练习着，但她老迈的双手，那双曾经喂过我稀饭、洗过我尿布、买过我零头布、挣钱养活过我们全家的双手，已经微微颤颤，布满岁月的沧桑。

我拿过母亲的盘子，替她把牛排一块块切好，然后，看着母亲用颤抖的手，开心地把我为她切开的牛排送进嘴里品尝，心里忽然涌上一阵感动——小时候，妈妈不就是这样喂我吃饭、教我 table manner 吗？时光流逝，母亲如今进入夕阳余晖的晚年，而我，正是日照正午的壮年人生。能够看见年迈的母亲享受着儿子的孝敬和关怀，并让她为自己生养的儿子感到自豪幸福，这真是人生最大的满足啊！

想到这里，我对生活充满了无限感激，对神明充溢着无限感恩，而面对给予我生命与灵魂的母亲，涌动着至高无上的大爱。

一首歌，德沃夏克《母亲教我的歌》，在我耳边响起，我的眼泪也流了出来……

　　　　当我幼年的时候
　　　　母亲教我歌唱
　　　　在她慈爱的眼里
　　　　隐约闪着泪光

如今我教我的孩子们

唱这首动人的歌曲

我那辛酸的眼泪

滴滴流在我这憔悴的脸上……

　　写完这篇文章，我告诉自己：要尽多地回家，看望我那健在的母亲……

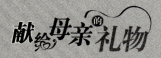

法国律师，北京大学法律系法学硕士，瑞士日内瓦高等国际问题研究院国际法博士，并曾在美国哈佛大学法学院做研究。在一些美国律师事务所工作实习后，于 1991 年加入法国基德律师事务所，并于 1997 年成为该所合伙人。于 1998 年回到北京作为负责合伙人领导法国基德律师事务所北京办事处的工作。

此外，还出任中国国际经济贸易仲裁委员会的仲裁员，法国对外贸易顾问，招商银行独立董事，世界女性经济与社会论坛的亚洲副主席，北京国际音乐节顾问委员会主席以及"CHINA HERITAGE SOCIETY"主席。

记妈妈二、三事

阎
兰

妈妈学意大利语

妈妈出生在一个典型的民族资产阶级家庭。外公 20 世纪 20 年代在清华毕业，考上庚子赔款的奖学金留学美国，就读麻省理工医学院。20 世纪 20 年代末回国，在东北大学任教。外婆家里是江苏嘉定大户。据外婆讲她的祖上是《爱莲说》的作者，宋代理学家周敦颐的后人。在同代人中，顾维钧是她的姑父。外婆的父亲是留学日本同盟会的会员。学西医回国后，在南京中央医院做医生。从小外公就送妈妈到天津教会学校读书，在家里讲英文。后来，刚一解放她就考进清华，两院并校后又到北大法语系学习，毕业于北大法语系。她大学时主攻法语，毕业后自然做了法语翻译。但是，她给我讲了一个故事：她如何自学意大利语，成为意大利语翻译。

那是 20 世纪 50 年代初，国内没有意大利语翻译。意大利客人来，只能由法语翻译陪同。虽然这两国文字很相像，但并不能相通。这样，高级外宾来到中国受到中央领导接见时语言沟通成了问题。1957年，母亲所在单位的领导问他们几个翻译，谁愿意转成意大利语翻译。我妈妈首先表示她小时候学过拉丁文，有一些底子，于是就开始自学意大利语。

她先托人从香港买回一本用英文教意大利语的小册子，总共只有18 课。后来她又到琉璃厂书店淘了本意大利文字典，还费尽九牛二虎之力找到了一本外国传教士编的书。这本书可能是清朝末年的，中文用的还是古文，她看起来还很吃力。后来，来了一位意大利经济学家，妈妈做他的法语翻译。但他的法语不太好，他看到妈妈在自学意大利语，有时就故意讲意大利语，妈妈就勉强翻译出来。之后妈妈又和他的夫人学习意大利语，学了两年。她一方面死背语法，另一方面从意大利订了大量的报纸杂志，背上面的单词和句子。她给自己定了一个规矩：每天必须背熟 20 个新单词。走路背，上洗手间背，一有空就背。后来她总结了一条经验，就是每个单词重复 100 遍之后，基本就背牢了。就像榔头敲钉子，敲牢了就不容易忘记了。单词是砖头，首先要积累尽量多的砖头才能盖房子。文法是盖房子的技术，学好了技术就不愁盖不好房子了。

功夫不负有心人，妈妈自学成材，成了 20 世纪 50 年代一名中央领导的意大利语翻译，为毛泽东、刘少奇、邓小平和彭真等中央领导做过翻译。

妈妈常说她的意大利语不是全国最好的，但她却是新中国第一个意大利语翻译。妈妈在我选择学外语之后，也时常给我讲这个故事，主要是鼓励我要掌握学习方法以及保持努力刻苦的学习态度。

我记忆犹新的是每当我取得很好的成绩，在班里或年级里考了第一，骄傲地给妈妈炫耀时，妈妈总是说："咳，这不算什么。不要死读书。"

妈妈的知识还非常渊博，古今中外、艺术、历史和天文地理无不通晓，而且过目不忘。所以，虽然我努力拼命追赶，但是始终都自愧不如。

记得她说在 20 世纪 80 年代一次陪邮电部高级代表团访问欧洲。在欧洲一家博物馆里，她甚至比当地的陪同对艺术品的历史和圣经的

故事还熟悉。妈妈补充讲解的圣经故事使得当地的陪同说到："没想到，红色中国文化大革命后出来的代表团里还有具有这么高的文学、艺术知识和修养的人。"

在我的学习上，最感谢妈妈的还是她对我在瑞士完成博士论文时的鞭策。我先在瑞士读了三年博士课程，考过博士资格考试之后又有机会到美国学习、工作。之后又在瑞士、法国不同的国际性律师事务所和巴黎国际商会仲裁院进行实习。工作之后，我写博士论文的进度自然而然就放慢了很多。每次我与妈妈通电话或者写信时，她首先问起的就是博士论文写到哪儿了。我说我现在开始工作了，博士论文先放一放。有一次，她严厉地批评了我，教育我说，这个读博士的机会来之不易，做一件事情，一旦决定了就要善始善终，一定要坚持下去，才能很好地完成自己在学习上和事业上制订的目标。后来，在妈妈不断地催促下，我决心暂停在巴黎的工作，请了三个月假，重返日内瓦，在学校图书馆里关了三个月，终于完成了博士论文，并取得了很好的论文答辩成绩。我非常感激妈妈对我的鞭策和不断的鼓励，于是我在博士论文的扉页写上了"献给我的母亲"。因为这也是妈妈的心血和功劳。

"文革"十年中坚强的妈妈

"文化大革命"对我来说像是一场噩梦。"文革"开始不久，全家就遭遇了浩劫。那时候，我刚刚九岁，就亲眼目睹爷爷被红卫兵抓走，半年后就惨死在秦城监狱中；爸爸也在秦城监狱中被关了七年半。家里的姨妈、伯伯都抓的抓，关的关。妈妈因为被视为双料反革命家属而被机关隔离审查了一年多，然后被送到干校劳动改造。

记得妈妈"文革"后和我说过，她一直很坚强，但哭过一次，就是她被关在机关里审查的那次。有一天，她的同事兼看守对她说："你女儿来取钱了。"妈妈问她能否见我一面，但她的要求被拒绝了。于是她就躲到

青年时代的母亲

厕所里大哭了一场。我从小到大很少见妈妈哭过，她的性格要强、坚强。但为人之母后，我才从心里领会她当时极度的思念、伤心和绝望的心境。当时爸爸被抓后生死未卜，我是她唯一的亲生骨肉，近在咫尺却又被拒之天涯。"文革"中有多少家庭被迫妻离子散，家破人亡啊。骨肉分离之痛乃大痛。

在她被隔离期间一共回来了两次。一次是中办要抄家，妈妈回来陪着，也叫我去，可能是想见见我。那时我虽然年纪小，也学会了坚强，当着来抄家的人的面绝不会哭。见了妈妈觉得她多了几分苍白。

第二次是机关决定把她们这帮"反革命"及需要改造的分子送到"干校"去学习改造。

干校五年里我和妈妈相依为命，我更了解妈妈、更爱妈妈也更钦佩妈妈了。

我是 1969 年冬天到河南沈丘与从东北干校迁移过来的妈妈重聚的。记得当时干校的"下放干部"们绝大部分都是有"问题"的，按军事编制连、排、班被分散在不同的村里。妈妈是在三连，所在的村子里有果园，也有一个砖窑。她那个连住在村外面，在果园旁盖了一排简易平房，分男、女宿舍。妈妈的房间中有两排大通铺，一排至少睡七、八个人，都是妈妈原来中联部的同事。在妈妈的铺旁边住的就是徐和阿姨（伍修权的夫人）。在我印象中妈妈和徐和是她们这间宿舍里的重点监管、批斗对象。记得后来妈妈提起那时的情景时说过，一天极度繁重的体力劳动之后还要开会，她常常是被批判的对象。她们要她不断地作检讨，反省丈夫的反革命罪行，要与他划清界限。可想当时她的身心都承受着很大的压力，但她总不承认错误。

我和其他干校子弟一样住在县城的一个地主大院里，"辅导学校"吃、住在那里，有干校的一些干部当老师，管理我们的生活。我们每天排队到县城的小学、中学去上学。我觉得自己是因祸得福了，因为当时在北京学校的老师和同学都另眼相待我们这些黑五类子弟，而且学生都"闹革命"去了，都不上课了，但是似乎革命的风暴没有席卷到中国贫穷的农村。当时沈丘的确很穷，没水，没电。我在农村上学，拼命读书，晚上复习功课时都是点煤油灯"挑灯夜战"，作完功课和同屋的同学们面面而视，放声大笑，一个个都是黑鼻子，因为煤油灯把我们的鼻孔都熏黑了。

我们在沈丘一中上学，虽然城里闹翻了天，但这里仍是师道尊严，尊崇学术。老师们也都是从省城师范学院毕业的，教学水平很高。农村的孩子们都很努力，都知道能到县里上学已属不易了。所以我们真是"塞翁失马"了。我在班里学得不错，总是年级头几名，得到了老师和同学们的尊重，以前不敢抬头作人的自卑感，也逐渐消失了，自信心也有了。我们"辅导学校"的孩子们一周可以回到自己父母那里看他们一次。周六走，周日回。妈妈的连队离县城有十几里路，我常常走回去，有时运气好也能和同学们一起搭上个马车或运输大卡车。

到妈妈那儿就在她们的大通铺上挤个地方睡在她身旁。但她们大人都没有周末，我亲眼看到妈妈和一帮青壮年男人们一起拖胚、烧砖。在砖窑工作的一队人里，她好像是唯一的女性。

但她一点儿也不示弱，和男人们一样光着脚，把裤腿卷很高，站成一圈一起用脚来搅拌泥土，然后放在模具中搬到窑里，点上火烧几天几夜。即使她累得浑身疼痛也咬牙硬撑着，从来不喊一声累。我的确觉得妈妈很坚强。当年和她一起劳动、吃苦，一起受批判的重点"坏分子"还有后来成为人大常委会委员长的乔石、国务院副总理吴学谦。即便在那样艰苦恶劣的环境里，妈妈也始终保持一种信念，她常常和我说："要相信党，爸爸的问题一定会搞清楚。"一旦放假，她就骑车带上我到周围的县城或古迹转一转。我坐在她的后座上，听她给我讲三国、水浒里面的故事，有时还教我背背古诗。那个年代，在学校里这些都是不讲、不念的。我始终很感激妈妈给我的这些教育。至今我还记得我们在阳光的田野里骑着车，我听着妈妈讲故事。这在当时算是太超现实了，也是我们母女俩逃避现实的好办法。

在干校的前一、两年妈妈受到的政治压力很大。我因为营养不良一到天黑眼睛就看不见，妈妈说也许是得了夜盲症，找了一个周末带我到县城里，找了一个小饭铺，要了一碗鸡汤让我喝。不巧被同干校的人见到，回去后又开会批判她，说她仍有资产阶级思想，要吃好的。她为女儿还要受此等的冤枉。妈妈反驳说："你要是不去吃，怎么知道我去了呢？"但在那个时代人的本性都被扭曲了。

妈妈对我的爱是时时可感受到的。在干校过了两、三年后，特别是林彪死后，干校的政治气氛有很大的放松。妈妈也被调到炊事班，那是大家公认的"好差"。的确，妈妈因此学得不少做菜的好手艺。周日回去看她，她常常给我带上一小缸她做的牛肉松，那是她舍不得吃专门给我留的。

有一个星期天，我不知为何没有赶上和其他同学一起回校，天已晚而且还下着雨，妈妈决定送我返校。我们母女俩一脚深、一脚浅地在雨中泥泞的路上走了十几里，终于妈妈把我送到了辅导学校。我进了校门，心里很不放心妈妈，但妈妈说没事，转身一个人又冒雨往村里返。我望着妈妈的背影，心里很害怕，回到宿舍后一夜都没睡，生怕妈妈出什么事，当时心想她是我唯一的亲人了。那夜担忧和害怕的心情至今仍能感受，在我年少的心灵里留下了永远难忘的记忆。

还有一件事妈妈常挂在嘴边。那是在农村时有一次我发烧很严重，到医院一看是得了中毒性痢疾，她陪我住院。妈妈那次非常担心，守了我一夜，怕我活不下来，但我还是慢慢好起来了。她从村里借了一个自行车来医院看我，结果自行车又被人偷了。当时妈妈情绪很低落，她对我说："真是祸不单行！万一妈妈有什么事，你就回北京找中办。因为那是你爸爸的单位，他们要负责你的生活。"

我听后心里非常害怕，一个劲儿地安慰妈妈说："一定不会再有别的事了。"我特怕妈妈想不开寻了短见，但妈妈后来告诉我她从来没有过这类的念头。

现在想想，妈妈那时多难呀。爸爸那边杳无音信，她又是"双料反革命"家属，自己不能回北京工作，也许要在农村呆一辈子，女儿尚小，一切都是未知数，前途未卜。尽管这样，她还是那么坚强，像她那一代人一样，有坚定的信念支撑着她。同时，她还会尽力保护我不受更多的伤害。

今天，"文革"结束已经 30 年了，但这场十年浩劫中妈妈所承受的苦所经历的难是无法言表的。特别是我们母女在河南农村相依为命的岁月，我的的确确了解了妈妈，她那坚强不屈的性格、在逆境中始终保持的坚定信念及乐观精神是我一生的榜样。

退休办慈善，扶贫献爱心

妈妈于 1994 年从宋庆龄基金会副秘书长的职位上退休，时年 63 岁。由于一直忙碌惯了，退下来后她仍想发挥余热。根据多年在宋庆龄基金会从事扶贫济困工作的经验，她最后决定成立一个慈善机构，取名"爱心工程委员会"。她本人任会长，直到 2006 年染重病为止。

近 10 年来，她带领一些人积极开展劝募活动，得到了亲朋好友特别是海外朋友的热烈响应，捐资实施了很多慈善项目。项目主要帮助对象是妇女和儿童、在校生及西部贫困地区。妈妈在爱心工程委员会做会长主持工作期间，认真敬业，将全部心血倾注在大大小小的项目上。她这种认真的精神让我非常感动。

2002 年初她去马来西亚访问，在首都吉隆坡的一家中文书店的大橱窗里看到一张展出的照片，背景是光秃秃的山顶，空地上一排小学生坐在小板凳上看书。照片上写着"河北省滦平县海拉尔沟乡的小学生在晨读。"妈妈看了很难过，从马来西亚一回来就与爱心工程委员会的同事们去了滦平县，去考查这所海拉尔沟小学。的确，学校很残破，房顶都是用木条制成的，看起来很危险。于是她决定帮助学校重建校舍。此外，在本乡还有一些小学的校舍也很简陋破旧，是危房。她突然想到了中国星火基金会的罗文春理事长曾经和她提起过有些香港朋友愿意援建小学。于是她马上和他们联系。香港朋友慷慨解囊捐助了这个小学。捐助这个小学也实实在在体现了香港友人关怀祖国的赤子之心。当时妈妈告诉我，她在和捐款的一位香港女士聊天时听说这位女士小时候在内地生活，后来和母亲去了香港。开始很穷，三个人挤在一间很小的房子里住。她小时候也曾因为没有钱读不起书。这就是为什么她要捐款建学校的原因。妈妈说她听了非常感动。在小学校建设期间，妈妈认真执行和监督项目的实施，时时提醒项目负责人不能浪费一分一毛钱，要将资金全部用于新校舍的建设上。学校用了半年时间建好了。妈妈在新校舍落成典礼上鼓励同学们要努力学习，成为国家的栋梁。她对同学们说："祖国的繁荣富强要依靠你们，中华民族也依靠你们屹立于世界民族之林。同学们有这个志气吗？"

在开展扶贫项目中妈妈常常和我讲，最重要的问题就是要把扶贫的款项送到真正需要的人手里。记得一次她很生气地跟我说，他们与一个国际组织合作执行基金会的一个项目，是在一个边远的山区为小学校建立一个流动图书馆。但是当她亲自去检查该项目时，发现这笔钱没有用于购买更多的书籍、建立更多的图书馆，而是为县里的干部买了几辆豪华大汽车。她对此事非常生气。此后，她每次都更加仔细地布置工作，和会里的同事们一道将每一个项目都落实到细节。

在2000年，爱心工程委员会又启动了一个在甘肃省的扶贫助学

从左至右：范怡（论坛亚洲执行总裁）、阎兰、Christine Ockrent（法国著名记者）、欧德天（论坛创始人、CEO）

养羊项目。项目的具体情况就是：给交不起学杂费的贫困小学生家里发两只小尾寒羊。小尾寒羊的生产率很高，一只母羊可以生产 12 头小羊。如果按 80% 的成活率计算，受援助的家庭每年除两只老羊外可以有 10 只小羊。受助的学生必须交出其中 3 只小羊帮助其他学生，而第二轮接受帮助的小学生在第一年就都结成了对子。之后又会有第三个学生与第二轮的学生结成对子。第二年出生的小羊继续送给第三个学生。这样只需要第一年的启动资金就可以滚雪球式的发展了。

　　妈妈将这个项目介绍给了香港嘉道理慈善基金会，因为他们表示愿意帮助国内贫困地区做项目。香港嘉道理基金会与中华慈善总会和爱心工程委员会签署了协议。在此之后的两年内，妈妈和爱心工程委员会的同事们一起数次到甘肃，一直到扶贫的县和小学去落实和监督项目的执行。她提出了非常细的问题，包括选贫困学生的标准、每个乡每个村选多少户。我看到她在来往的信中反复强调此笔善款只能用于项目，不能拿作他用。而且还几次致函给当地的省、乡、村不同等级的负责人，请他们加快落实和监督此项目的实施。

在这些往来的信函中，我看到了妈妈的细心。在受益户的名单中有些是同村同名的，她就要求项目的负责人核实清楚。在此引用妈妈在甘肃爱心扶贫助学养羊项目签约仪式上的发言片段："根据我多年做扶贫项目的经验，要想执行好项目，最重要的是在当地有好的领导和执行伙伴。经过在试点项目上一年多的合作，我感到统战部抓项目是认真的，民革的专家们是认真的，地方干部和小学教师也是认真的。我们深信对新的三个县的养羊项目，同我们合作的甘肃省的同志们也会以这种认真的态度来支持和开展项目工作。新中国成立51年了，我们即将进入21世纪，我们都生长在这片中华大地上，我们头顶着同样的天空，但是，由于地理的差别，西北地区的条件要比东部差得多。希望通过我们的共同努力，能帮助还生活在贫困中的大西北的同胞们早日脱贫。让他们和东部地区的居民一样也可以满足温饱，过上比较富裕的美好生活。让我们大家为这一天早日到来做出我们应有的贡献。"

从这个朴实无华而又深情地讲话中，我的的确确感受到了妈妈的爱心，以及她在献爱心时这种执着、坚定、一丝不苟的精神。妈

妈的精神感动着我、激励着我。这也是在妈妈重病之后我和父亲毅然决然地接过妈妈创立的爱心工程委员会的原因，我们决定与该会的同事们和朋友们一起把爱心工程委员会的精神继续下去、坚持下去、发扬下去。

妈妈送我的最后的礼物

2006 年的春天，妈妈突然被检查出患了癌症并已到了晚期。手术后妈妈陷入昏迷至今未醒。但是在生此重病之前她似乎已经有了预感，她抓紧一切时间，甚至在 2006 年的春节也留在海南夜以继日地写她的回忆录。她在回忆录的前言中说，小时候身体很差，现在一直活到 75，这已经是她始料不及的事。总算在这个世界上走了一大遭，回想起这一生甜酸苦辣都有，她的人生阅历也算丰富了。一个人不可能永远活在世上，几十年的思想、看法只能写在纸上留下来。这也是给女儿、外孙甚至是重孙的一份有意义的礼物吧。

她仿佛有预感一样："我应该尽我可能，用已经不多的余生把这件事做完，愉快的、无撼的撒手人寰。其实一个人从生下来就是朝向自己的终点前进的。不过路有长有短，老年人应当想通这一点，心平气和地安排好自己的晚年。权且把这段话作为我回忆录的开场白吧。"妈妈就是这样，在她清醒的最后日子里写下了她留给我和后代的珍贵的回忆录。这份珍贵的回忆录不仅记述了她个人的家庭生活、成长故事，而且还讲述了她一生中的苦与乐以及人生的诸多感悟。

  的确，我父母的一生同他们这一代人一样有许多坎坷，也有很多美好的日子。妈妈说："随着政治大潮的潮起潮落，我们像叶子一样在上面漂浮，幸好没有被惊涛骇浪打沉到海底。俱往矣，21 世纪的中国会是一个幸福灿烂的中国。我们的后代也再不会有我们年轻时那种沉重和无奈。他们会生活得很愉快，努力为事业奋斗，尽情地享受人生。我祝福他们！"每每看到这句话，我能够深刻地体会到妈妈对我们下一代寄予的期望和鼓励。

  妈妈的精神永远与我们同在。

中国惠普公司高级副总裁，政府事务暨战略发展部总监。同公司其他高层领导一道负责制订中国惠普对外关系战略决策，以保证惠普公司在中国的永续运行和增加公司在中国积极良好的公司形象。

曾在美国 AT&T 公司贝尔实验室工作 8 年。之后在兴华科仪（中国）有限公司工作四年，任总经理，负责兴华科仪在中国的运作。于 2000 年 8 月 3 日正式加入惠普公司。

1982 年毕业于南京大学物理系，取得物理学学士学位。1985 年 ~1986 年就读于美国曼哈顿工程学院电子工程系，取得计算机工程硕士学位。中国电子学会高级会员。

现担任中国惠普有限公司在 AmCham-China 的主会员，中关村科技园企业家顾问委员会副主任委员，武汉市市长顾问等众多社会职务。

母亲的恩情

舒奇

我的母亲黄雨青1918年4月出生在福州一个爱国知识分子家庭。我的外祖父是留美博士，曾拜读于哲学家、教育家杜威先生门下，钻研教育学。生活在这样一个家庭，深受其父亲影响，她因此从小就善于学习，胸怀抱负，热爱生活，热爱祖国。17岁时她在外祖父支持下赴日留学，并参与抗日运动，结果遭日方驱逐，回国后继续投身抗日救亡运动。全国解放后，她又积极投入祖国的建设事业。母亲的一生经历坎坷，尤其在"文革"中饱受磨难，但她的善良正直，她的远见卓识，她的坚韧刚毅，始终伴随着我的成长。

困难日子里的温暖

小时候，我们家的生活水平在当时应该算是比较好的，但母亲对于我这个家中的独生子从不溺爱。我吃的和三个姐姐一样，穿的几乎都是三个姐姐穿小的旧衣服，有的甚至已经破了，母亲就改一改再给我穿。

记得在我五、六岁时，一天早晨起来，迷迷糊糊中，我拿起一条棉毛裤就套，一伸脚，脚没从裤筒出来，却从一个大窟窿里钻了出来。

姐姐们都笑了，我也清醒了，撅起嘴就喊道："妈妈，裤子破了！"

母亲走过来，乐了一下，摸着我的头说："小奇，你先穿着，回来妈妈再补。"

我不乐意了："这裤子都这么大洞了，怎么穿啊！"

母亲安慰道："你昨天不还说你最艰苦朴素的吗？"

听了母亲的话，我一下从床上跳起来，拉起裤子就说："对，我最艰苦朴素了！"

穿上那条破裤子，我又快活地过了一天。

每次想起这件事，我都会笑。那时生活不困难，母亲却让我觉得艰苦朴素是件顶宝贵的品质，直到现在都深深地记得。

有了这种精神，即使真的到了窘迫的时候，也不会觉得有什么，挺一挺就会过去了。

童年的舒奇和母亲

三年困难时期，家家都缺衣少粮的。那时我才六、七岁，粮食和各种副食都限量供应，父亲又被迫害送到陕西农村去劳动，母亲眼看孩子们都在长身体，只好四处去捡菜叶和干葱叶，好一点的我们自己吃，次的剁烂了喂家里养的几只鸡，它们生下的蛋成了我和姐姐们的营养珍品，但母亲从来都不会舍得吃。看见我吃她就很开心了。就这样，母亲用她虚弱的身体支撑着家，抚育着我们，以她的坚强意志呵护我们渡过了那段异常困难的日子。

爱心带来融洽

　　母亲长年体弱多病，却很关心亲戚朋友、左邻右舍。

　　有件事情虽小，我却久久难忘。当时我们家人口多，老少三代七口人，领导上给我们换了一处住房，让我们住得宽敞点，全家人都高兴极了。正在这时，母亲得知机关里有位司机同志家里人口也不少，加上他父亲生病，原来暂住的地方实在容不下这个家了，这种状况甚至已经影响了他的工作。

　　一天下午，等我们吃完中饭，母亲突然向全家人宣布说："司机李叔叔家没地方住，咱们把楼下的厨房（这屋子比较大，约有 30 多平米）让出来，帮李叔叔解决困难。"

　　当时姐姐就喊了起来："那咱家在哪儿做饭呀？"

　　"咱们把厨房搬到楼上，把厕所分一半做饭就行了！"母亲的口气很坚定。

　　"厕所里做饭！"我一听就皱眉头。

　　母亲笑道："是把厕所分一半，保证不会影响你们吃饭的心情！"

　　听她这么一说，也就没人反对了。

　　于是全家动手，很快腾出了楼下厨房。让李叔叔一家搬了进来，而我们全家人的"进出口"业务也就合二为一了。

　　母亲不仅为李叔叔一家腾出地方，自从他们搬进来之后，母亲也很关心他们的生活情况，只要是能照顾到的地方，母亲都会帮忙。

　　李叔叔的爱人和孩子常常生病，母亲学过不少医药知识，一般的病都能给看看。他们每次身体不舒服，不管白天或半夜，只要敲了我家的门，母亲都会下楼给他们看病。

母亲的这种热心态度，为人处世，也感染了我们，我们姊妹几个跟李叔叔家的孩子也相处得非常融洽。看见大人们干活，我们都会抢着上去帮忙，天长日久，两家人的关系很亲密。

宽容孕育了我们的诚实

母亲在美国留学的专业是教育学，所以她知道科学的教育方法对孩子的成长来说太重要了。每每我们犯了错误，她都不会像其他人的母亲一样非打即骂。

记得有一次我和三姐不小心弄坏了马桶。三姐说是我弄坏的，我说她弄坏的，谁都不敢承认，只好战战兢兢地等着挨批。

母亲回来后，我怕母亲知道了，死活不让她去厕所。母亲打开厕所门，我和三姐就站在一边不说话了。

母亲惊道："马桶怎么坏了？"

我和三姐小声地说："不知道呢，自己弄坏的吧。"说完，就后悔了，这谎话编的太没水平了。没想到母亲没有发怒，反而笑着说

青年时代的母亲

舒奇的母亲、父亲

道："这么热的天，你们俩挤在这儿干吗？"

我的脸"刷"地一下红了，三姐拉着我就飞快地往外走。母亲突然叫住了我们。

我心下叫苦："完了，要挨批了。"

母亲走过来说："今天天气热，带你们出去吃冰淇淋吧。"

没听错吧！我和三姐瞪大了眼睛看着母亲，母亲拉着我们说："快点走吧，去吃冰淇淋喽！"

冰淇淋很美味，可我们越吃越觉得咽不下去。冰冰凉凉的是到嘴里的味道，可看见母亲温暖的笑，我心里愧疚得很。我看了下三姐，她也低着头在吃，看得出她心里的滋味肯定不是冰淇淋那样的甜美。

我终于忍不住了，喊了声："妈妈！"

母亲看了我一眼，仍然笑意盈盈。我还没说出口，三姐就抢先说了："是我把马桶弄坏的，我错了。"

我抢着说："是我们一起弄坏的。"

母亲哈哈大笑："冰淇淋没有白吃啊，终于出来自首了。"

母亲摸着我和姐姐的头说:"你们都是好孩子,以后做错事承认就好了!"。

母亲的宽容态度我至今都忘不了,这件事让我终身难忘,使我懂得诚实的重要,在我踏上社会从事各种工作的时候,都以诚信这个最重要的为人之道要求自己。

那一抹用报纸遮住的灯光

1952 年从香港回北京时,拥有美国教育学硕士学位、热爱教育事业的母亲为了支持父亲的事业,毅然放弃了到北海幼儿园当园长或到北京师范大学任教授的机会,随父亲一起被分配到对外经济贸易部从事行情研究工作。

对于世界的商情,母亲是个生手,为了更好地完成工作,她结合自己在美国的工作经验,认真学习,查阅资料,积极与同事们研究,付出了很多的努力。

在我上小学二、三年级时,那段时间母亲总是很晚才休息。

有次半夜醒来,看见家里的台灯仍然亮着。我坐起来轻轻唤了一声,母亲走过来问:"怎么了?口渴了吗?"

我摇摇头:"妈妈你还不睡吗?"

母亲轻声说:"马上就睡了,还有个重要的课题马上就要出来了。"

她轻拍了我下:"你快睡吧,我就快好了。"

说罢,走到桌子前,又把台灯压了一下。为了不影响我们休息,她已经把台灯罩上了一层报纸。昏黄的灯光下,她的影子被拉得老

长，映在墙上。可能是连日里来的劳累，她捂着嘴轻咳了一下，墙上的影子也跟着一颤。我的心一紧，真想下去给她倒杯热水。可我又怕母亲怪我还不睡，这么想着就不知不觉进入了梦乡。

第二天清早，我一眼就看出母亲的眼睛都熬红了。过了大概有半个多月，姐姐忍不住问母亲："妈妈，你天天熬夜，眼都熬红了，忙什么呢？"

我也在一边证实："真的，妈妈你眼睛都红了，人都瘦了。"

母亲会意地笑了，说道："我在完成领导交给我的一份关于美国的行情报告，现在已经写完了，妈妈又可以多陪陪你们了。"

对于什么是行情报告，我一无所知，但事后我听说母亲写的这份报告得到了领导的表扬。

事隔不久，我听说母亲又写了一份对西德经济发展预测的报告。当时，母亲从国际形势、欧洲经济发展的规律以及前西德经济发展的特点等因素出发，做出了次年西德经济将有 1%～4% 增长的预测。

此预测一出，许多人都表示惊讶，纷纷议论："如今都是东风压倒西风，怎么得出这样的结论，这是要犯错误的！"

母亲将自己的分析思路告诉大家，她冒着风险坚持自己的观点，她相信自己的推断是科学的、正确的。事实上，第二年西德经济的增长果真和母亲预料的一样，她的正确推断为部领导制定正确的对外贸易决策提供了有利的参照依据。就这样，母亲从一个经济研究的门外汉很快成为行家里手。

母亲对工作的一丝不苟、求实求真的精神一直潜移默化地影响着我，我始终告诫自己要以实事求是的精神去工作。

坚强地活下去

　　"文革"的 10 年，母亲备受迫害折磨。由于她曾留学日本、美国，又从事过党的地下工作，间谍、特务的帽子便一顶一顶地扣在她头上，她被剥夺了申辩的权力，被关进了监狱。

　　在狱中，她坚持真理，坚持实事求是，结果遭到残害，被撞断 7 根肋骨，因没能及时送治，以致肋骨错位，整个背部成了一个大鼓包，人都站不直。她本就有严重心脏病，结果又遭重创，连呼吸都十分困难。这种非人的监狱生活长达五年之久，"保外就医"放出来时已经奄奄一息。

　　看到母亲痛苦的样子，我止不住地流泪。送到阜外医院治疗时，医生检查了一遍后，叹了一口气。他告诉我们，母亲至多再活半年。当时，我的脑袋一片空白，我一个劲地对自己说："他说的不是真的。"

舒奇的父亲、母亲

　　母亲醒来后，看见我们守在她床边，会心地笑了。可我却怎么也笑不出来，看着我愁眉苦脸的样子，母亲握着我的手说："放心吧，我没事，我的工作还没完呢，我还要看你们成家。我不会有事的。"

　　为祖国工作，看儿女成才，是她最大的两个心愿。也是这两个心愿，支撑着她没有倒下去，不论被病情折磨得多么痛苦，她都顽强地与病魔作斗争。本来被诊断只能活半年的母亲，却又活了 20 年。

引领我走向一个又一个高峰

　　母亲一直相信知识能改变人生。她和父亲坐牢期间，我去上海当了工人，学业丢到了一边。她出狱后，第一件事就是拖着病体从北京赶到上海，督促我抓紧补学高中课程，并为我找了一个好老师，制订了学习计划。

　　母亲为我设想的未来，她为我能重返学校所做的一切，使我懂得了什么是亲情，什么是母爱。我很努力，我不想辜负了母亲的殷切期望，在八个月的业余时间内我将高中的所有课程全部补习完毕。

　　功夫不负有心人，"文革"后第一次高考开始报名了。我佩服母亲有这样的远见，我庆幸自己能等到这个机会。高考中我因物理、数学成绩尤其突出，被南京大学提前录取。

　　在那个"知识无用论"当道的时代里，母亲却丝毫不放弃知识，她预感到总有一天，知识会改变我们的世界。果然，随着高考的恢复，我终于踏上了人生的转折点。

　　当我大学毕业后，母亲又提出应该出国留学，学习、掌握更先进的知识和技术，于是我又投入了争取出国留学的奋战，攻读英语、托福、GRE，闯过了一关又一关，并且获得了部分奖学金。但真到了出国的时候，我又有点舍不得，那时我的女儿才刚满三个月。

看我恋恋不舍的样子，母亲语重心长地说："机会一定要把握好，不要留恋这里。孩子我会好好照顾的。你只要珍惜这个难得时机好好学习就行了。"

我抱着女儿，舍不得放手。母亲接过孙女："你放心吧，家里的一切我都会照顾好的。"

我也坚信母亲的这个决定又是正确的，是有远见的。到了美国，生活十分艰苦，为了挣够学费，我当过洗碗工、熨衣工，比条件优越的留学生付出了更多的汗水。母亲的嘱咐和期望时刻鼓舞着我，我用自己的辛勤劳动补足了学费，加倍勤奋学习，一年半后就获得了硕士学位。正是在母亲的推动下，我又登上一个新的高峰。

在我"海归"之后，父母亲先后去世了。在最后的岁月里，他们欣喜地看到自己的儿子没有辜负他们的希望。而我，在父母离世之后，一直深深地缅怀着他们，尤其感谢母亲生我、养我、栽培我的重如大山的恩情。

献给母亲的礼物

　　美国国际数据集团（IDG）全球常务副总裁兼亚洲／中国总裁，IDG 创业投资基金合伙人。负责 IDG 在亚洲地区的所有业务，包括信息技术出版、市场研究、会议展览及风险投资。IDG 是全世界最大的信息技术出版、研究、展览与风险投资公司，2007 年全球营业总额达到 30.2 亿美元。

　　1993 年，协助 IDG 创始人兼董事长麦戈文先生在中国创立太平洋风险技术基金（现更名为 IDG 创业投资基金），目前在中国管理着 22 亿美元以上的创投资金，成为最早将西方技术风险投资实践引入中国的人。现任中华创业投资协会理事长。

　　1996 年毕业于哈佛大学商学院高级管理班；1987 年获波士顿大学新闻传播学硕士学位，后入塔弗茨大学与哈佛大学合办的弗莱彻法律与外交学院攻读亚洲经济与国际商务研究生课程；1986 年毕业于中国社会科学院研究生院新闻系英语采编专业；1982 年毕业于湖南大学外文系。

　　2000 年 5 月成为波士顿大学新闻与传播学院成立 50 周年来第一位亚裔董事。2005 年，波士顿大学董事会全票通过，选举其出任董事，成为新中国成立以来，中国留学生进入美国主流大学担任校董的第一人。

平凡的母亲，超凡的母爱

熊晓鸽

我很幸运，常常能在梦中见到母亲。她还是年轻时候的样子，圆脸，明慧秀美的眼睛，说话慢条斯理，做事却手脚麻利，永远笑眯眯、乐呵呵的。母亲去世的时候，真的很年轻，未满48岁，是人生最丰盛美满的时刻，唯一的遗憾是独生子去了离家40多公里的省城读大学，她舍不得……她是真的舍不得，缠绵病榻8个多月，终究还是不得不撒手西去。

母亲走了，26年。可是这么多年，我却觉得母亲好像从来没有离开过我。每次我到一个新的地方，开始做一件新的事情，就觉得母亲正在默默地看着我，仿佛小时候她看着我跌倒了爬起来，她的笑容在说，我儿子，真棒！

早晨的鸽子，只爱阳光

母亲生我，一天一夜。拂晓，8斤多重的大胖小子呱呱落地，一只鸽子恰好飞进喜气洋洋的家里。父母给我取名晓鸽，只有一个简单的期望，但愿今后儿子的人生就像这清晨的阳光一样绚丽灿烂，像可爱的鸽子一般自由自在，快乐飞翔。

母亲幼年穷苦。家里7个兄弟姐妹，她虽排行老二，却是家里最年长的女儿，自然要体恤父母，疼爱弟妹。据说，母亲10岁的时候，就被送到别人家当童养媳，寄人篱下的滋味，更是辛酸苦涩。但母亲从来不给我细说她从前如何吃苦受罪，偶尔有家里的亲友提及这些往事，只要我在场，她也总是轻描淡写，三言两语，尽快转移话题。

我上小学的时候，父母工作的工厂里经常开忆苦思甜的报告会，母亲是非常受欢迎的主讲人。大约她的确是苦大仇深，所以讲起来也就声泪俱下，真切动人。可是母亲不许我去听她的报告会。问她原因，她也不多解释，只说，这不是你应该知道的事情。

在她心里，所有的痛苦、辛酸、哀愁、无奈，统统不是她的儿子需要知道的事情。她的儿子只应该生活在一个纯粹光明的世界里。是的，

母　亲

她不是一个有高深的文化知识的母亲，她不会告诉我月亮背后是深不见底的黑暗，也不想让我知道世事沉浮的艰难险恶。她只是凭着一个母亲的本能，小心地为儿子维护一个简单美好的世界：月亮无论盈亏圆缺，都是美丽的；今天虽然是阴天，但明天太阳一定会出来。而母亲自己永远开开心心、乐乐呵呵的笑脸，是这所有光明承诺最坚强的保证。

那时候，有小朋友嘲笑我父亲的残疾，模仿他用假肢走路一瘸一拐的姿势，让我很难堪。可母亲并不生气，只是笑着告诉我，你爸

爸的腿是为国家打仗受伤的，他是对国家有贡献的人，是我们家的光荣！一句话说得我挺直了腰杆，再也不把别人的羞辱放在心上。

成年后，商海弄舟，也经历了不少大风大浪。常常有同事大惑不解地问，你为什么总是那么乐观？在人人垂头丧气的时候依然信心百倍？我只能笑一笑，告诉他，我的乐观已经是一种本能。我没有告诉他的是，我这近似偏执的乐观，其实源自于母亲的信念和坚持——是她让我的心里没有阴影和疑云，永远从光明的一面去认知这个复杂凶险的世界；是她让我从孩提时代就坚信，太阳会出来，明天会更好。

不辜负母亲的信任和骄傲

我小时候是个爱发呆的孩子。一个人在家里发呆的时候，母亲总是轻手轻脚不来打扰我，随我胡思乱想。有时是一大群孩子在一起玩闹，我却突然一个人魂游九霄，呆呆地出起神来，也不和别人说话搭腔，让其他一起玩的小朋友们十分扫兴。每到这时，母亲不得不代我向别人道歉，说我儿子就是这个呆样子，你们别理他，自己好好玩吧。话虽这样说，她却并不责备我。

在母亲看来，儿子有自己的小小世界，只要我愿意，只要我开心，只要我想做的不是什么坏事情，她总是微笑着，纵容儿子在自己的小小世界里自由驰骋。长大以后，我常常回想，也许就是母亲的纵容，成就了我敢想敢干的个性——这或许也为我今天投身创业投资这一高风险行业留下了年深月久、潜移默化的铺垫和伏笔。

我曾经把家里的闹钟泡在水里，看看它在水里是不是还能准确报时。又自己动手东拼西凑，折腾出一个能出声的半导体收音机。喜欢读书，我的文具永远是全班最好的。喜欢音乐，找朋友借来《五彩云霞》、《松花江上》这些在当年被视为"毒草"的唱片，偷偷关在屋子里听个够，母亲就搬个小板凳坐在门口为我观风望哨。

但母亲的纵容也绝不是没有底线的。

记得当时海绵贴面的乒乓球拍刚刚风行，是学校里每个小男生梦寐以求的爱物。因为家里已经给我买了一个橡胶贴面的球拍，我不好意思再向父母要钱，就动脑子寻思着自己挣钱买球拍。几个小伙伴一商量，觉得在工厂捡废铁是个不错的主意，刚好在厂里的一个角落发现了几根炉桥，就抬到废品收购站卖了，每个人分了5毛钱。

半夜里迷迷糊糊地被母亲推醒。原来炉桥是有用的材料，并不是废铁，工厂的负责人顺藤摸瓜，挨家挨户找到我们这群"小贼"家里。母亲没有骂我，也没有打我，她只是坐在床边止不住地流眼泪，说，家里的钱就放在抽屉里，只要对父母说一声就可以去拿，为什么还要去偷呢？她用的这个偷字，还有她绵绵不断的泪水，滚烫滚烫，比呵斥和打骂更深地刺激、灼痛了我，也让我终于明白了母亲为什么

会这样难过，这样伤心：她一向引以为傲的儿子，做了一件让她深以为耻的事情。第二天，母亲牵着我的手，将5毛钱还给厂里，又和父亲带着我一起去商店，不仅买了海绵球拍，还配了一副球网。

以前，从母亲笑意盎然的眼睛里，我也曾体会过她的宽慰和自豪。但这一次，从她伤心的泪水里，我更真切地看到了她对儿子无法言说的殷殷期待。母亲从此没再提过这件事情，但她的泪痕烙刻在我心里，提醒我时时自省：不可以辜负母亲，辜负她的信任与骄傲。

最亲的母子，最好的朋友

都说女儿才是妈妈的贴身小棉袄，知冷知热。没能再多生一个女儿的母亲，无计可施，也就只能凑合着把我这个粗枝大叶的半大小子当成知心人了。

父亲工作忙，家里常常只有我和母亲两个人。夏天的夜晚，母亲摇着芭蕉扇，帮我赶蚊子，驱暑热，直到我睡着了，她才轻轻回到自己的床上。三九寒冬，母亲会叫，儿子，快过来给妈妈暖暖被窝。热乎乎的被窝里，母子躺着聊天。母亲会把十来岁的我当成小大人，对我絮絮说着工厂里的大事小情，是是非非；还有亲戚邻里间的家长里短，人情世故。她慢条斯理地讲，我漫不经心地听。说实话，这些话题不是一个小孩子感兴趣的，母亲熟悉的、缓缓的声音，仿佛是最动听的催眠曲，经常是听着听着，我就自顾自地走进了沉沉的安宁的梦乡。

然而渐渐地，母亲的独白变成了双重奏。我也开始习惯在回家之后，把学校里的事情事无巨细地告诉母亲：老师是否和蔼，功课是否繁难，同学是否友善。母亲大多数的时候也是安静地听着，偶尔指点评论两句，也不强调，随我听不听的样子。

不知不觉间，我和母亲居然成了无话不谈的朋友，高兴的事情一起分享，牢骚满腹的时候，一番痛快淋漓的发泄，也会让人胸襟大开，神清气爽。母亲的平和温婉、善解人意就像一剂特效药，总能让我紧张激奋的情绪舒缓下来，重新理智地审视、勇敢地探索外面复杂纷纭的大世界。

我一直自诩性情开朗，交游广阔，生活中，事业上，不乏至交好友。但唯有和母亲天人永隔之后，我才恍然惊觉，原来人世间最亲密的关系，是听一个人毫不设防地剖白，是对一个人毫无保留地倾诉，随心所欲，时时刻刻。我现在也时常揣想，不知天堂里的母亲，是否还在凝神倾听我内心的喜悦与悲伤，沮丧和兴奋？

有母亲的家才是孩子最安全的堡垒

母亲告诉我，她嫁给父亲，是"组织上"介绍的。"组织上"这几个字眼，对现在的年轻人来说肯定是陌生别扭的。但在 20 世纪 50 年代，这是一个再普通不过的现象：某一级的政府机构或组织出面，说服一个出身背景良好的姑娘，嫁给对国家和政府有功的人。

母亲后来告诉我，她爱上父亲，那个 21 岁就在上甘岭战役失去了一条腿的年轻人，并不因为他是"功臣"，而是因为他的字写得好——因为出身于一个殷实的中医家庭，读过书，受过教育。

每次收到父亲写给她的信，看着那一纸漂亮的行书，她的心里是又羡慕又惭愧，家里贫苦没上过一天学的她，不得不去请人帮她写回信。

结婚后，每每听人夸奖丈夫文章写得好，会作报告，母亲的心里就美滋滋的。对知书识礼又能干的父亲，母亲一向敬佩爱护体贴。没想到，政治的风向标转得太快，文化大革命一开始，"出身"不好的父亲就遭到揪斗，"组织上"又要求母亲与父亲划清界限。母亲只装作听不懂，她说，当初也是听"组织"的话，才嫁给这个"最可爱的人"，现在婚都结了，孩子也生了，还怎么划清界限呢？一句话，让"组织上"的人哑口无言。每次父亲被人批斗，母亲都会悄悄买一只鸡，在家炖好满满一锅香浓的鸡汤，给父亲压压惊，补补身体。许多年后，那橙黄的灯光下，一家三口围炉喝汤的情景，就成了我心里最温暖的关于家的记忆。成年后我才懂得，也只有这样的一个家，才是家人抵御外面世界风刀霜剑的坚固堡垒。

母亲对于婚姻唯一的一次动摇也是因为我。我5岁就上了小学，年纪小，却争强好胜，年年都想当三好学生，也年年如愿。但父亲挨斗的时候，当小学生的我也倒了霉，当不成三好生了。学期结束的时候，空着两手回家，母亲有点惊讶，问："咦，奖状呢？没当上三好生？"我狠狠地瞪了父亲一眼，说，就怪你，害我当不成三好生！话没说完，眼泪抹了一脸。父母两人劝慰不成，只得相顾无言。

那天，夜半突然惊醒，隐约听见母亲的哭声。当时我们全家人住在一间小屋里，我吓了一大跳，躺在床上一动也不敢动，静静地听父母依在他们的床头小声说话，听了没几句，就明白他们正在商量离

婚，好让我改母姓，跟"出身好"的妈妈一起生活，免得将来拖累了我的前程。我大哭着从床上跳了起来，失魂落魄地叫着，你们不要离婚，你们不要离婚，我再也不当三好生了！三个人立刻抱成一团哭作一堆。

覆巢之下焉有完卵。有了那一次风雨飘摇的危机，我才体会到，有一个安稳完整的家，有一对永远把孩子的利益放在第一位的父母，对我来说，是多么重要，又是多么幸福。

直到母亲去世，突然有了再也无家可归的感觉。我和父亲仿佛成了两个流离失所的游子，只能偶尔坐在一起，茫然相嘘。屋子里安坐的那个女人不在了，那个永远安全的家也就不在了。

让母亲下一辈子的愿望成真

母亲常说，她这辈子最大的遗憾是没有上过学，读过书。

我刚上小学的时候，读过几天扫盲班，勉强认得几个字的母亲，喜欢捧着我的课本，和我抢着读。我在学校考试得了满分，她也高兴得笑成一朵花，好像我真的做了什么了不起的大事情，立下了值得奖励的汗马功劳。当然，这奖励品通常就是一件我向往已久的新文具。没上过学的母亲，对文化知识有一种发自心底的根深蒂固的仰慕和崇敬。

1977 年金秋，国家在十年浩劫后第一次公开招考大学生。虽然已经在工厂当了两年钳工，我也不想放弃这个一试身手的机会，向工厂请了两个星期的假，在家里复习备考。父母把他们住的大房间让给我，大床上堆了半床的复习资料，床头还放了一筐父亲专门买给我的桔子。整整半个月，我在这间屋子里足不出户，闭门苦读。母亲每天宽慰我，让我别太紧张，考不上也没关系，一家人好好在一起过日子。这话不知是在安慰我，还是在劝解她自己。她一向睡觉安稳，那段日子却夜夜辗转反侧，难以安眠。停电的时候忙着给我点油灯，备蜡烛，三更半夜还惦记着给熬夜读书的儿子煮宵夜。

拿到大学录取通知书的那天，从工厂"飞车"回家，把通知书递给母亲，母亲却只顾看着我，怔怔地说了一句，你要走了。顿时眼泪就像河水开了闸门，涕泗横流，悲喜交集。尽管由她做主，给儿子选了离家最近的省城大学，她也打心眼里盼望儿子从此振翅高飞，大展鸿图，可是一想到从小相依为命的儿子此后就要独立生活，她就千般不舍，万般眷恋。她既担心学校的伙食不好，又问，谁给你洗衣服呢？还说，好在学校不远，要么你半月回家一次，要么我半个月去看你一次。让我这个踌躇满志的"准大学生"，听着母亲的唠叨叮咛，既羞愧，又尴尬。

从左至右：母亲、熊晓鸽、父亲

可是母亲言出必行。只要我半月没回家，她就一定到学校来看我。每次，走在湖南大学的校园里，母亲的脸上竟然闪烁着小姑娘一样的天真的兴奋和快乐。她目不暇接，感叹着山水的美丽，校园的清幽，还有教室的宽敞和明亮。她满怀艳羡地说，你太幸福了，下辈子我也要来这里，像你一样读书。

她到学校来了许多次，这话也说了无数遍。她总是说，下辈子，下辈子……

谁也没有想到，她的这辈子会走得这样匆忙。刚进大四，那一天，像往常一样，她到学校来看我，告诉我她在长沙大伯家里炖好了鸡汤。像往常一样，她看着我吃饱了，喝足了，愉快满意地笑着。

只有一点不同寻常，她说，今天我不送你回学校了。她有点不舒服，这次到省城，是来看医生的。回家，第二天，她就犯了脑溢血，一病不起。

1995年，我从美国回来，在湖南大学设立奖学金。又值金秋，橘子洲头柑桔累累，岳麓山脉层林尽染，山河依旧，人事已非，年年吐故纳新的大学校园，刚刚又迎来一批入学深造的新生。而母亲，已经去世整整14年了。如果真有来生，她应该已是多梦时节的青春少女，正在向往多姿多彩的大学生活。我很清醒，也并不迷信，可是，走在久违的母校校园，迎着一张张青春扑面的笑脸，我仿佛依稀又看见了母亲眼中曾经有过的热切的渴望和憧憬。我知道我一定要做一些事情，因为这一次，我再也不想来不及了。

母亲生前，我来不及带她走出湖南，走出国门，看看外面精彩纷呈的大千世界；我来不及与她分享创业的兴奋，成功地喜悦；我来不及请她坐飞机，住豪宅，遍尝人间美味；我来不及再问问她小时候吃过的苦，甚至来不及记清楚她的生日到底是哪一天……这些冰冷的遗憾，沉甸甸地压在心底，不思量，永难忘……

幸好，我知道母亲最大的心愿。我会尽我所能，帮助那些像她一样渴望读书的孩子接受高等教育。绵薄之力，图报春晖。12年来，接受我设立的奖学金、奖教金的学生与教师，已超过四百多人。今年，由我倡议捐赠的湖南大学77～78游泳馆也将落成。每年清明前后，我专程回母校做这些事情的时候，心里总有隐隐的激动和满足，仿佛正在实现一个遥远的承诺和约定。

是的，这是我与母亲的约定，此生，下辈子……